보통의 삶이 시작되는 곳

세계 선진 장애인 재활시설 탐방기

보통의 삶이 시작되는 곳
세계 선진 장애인 재활시설 탐방기

2017년 9월 18일 초판 1쇄 찍음
2017년 9월 25일 초판 1쇄 펴냄

지은이   백경학·고재춘·채춘호 외
펴낸이   윤철호·김천희
펴낸곳   ㈜사회평론아카데미

편집   김지산·정큰별
마케팅   강상희

등록번호   2013-000247(2013년 8월 23일)
전화   02-2191-1133
팩스   02-326-1626
주소   03978 서울특별시 마포구 월드컵북로12길 17
이메일   academy@sapyoung.com
홈페이지   www.sapyoung.com

ISBN 979-11-88108-26-8 03330

보통의 삶이 시작되는 곳

세계 선진 장애인 재활시설 탐방기

백경학·고재춘·채춘호 외 지음

사회평론

장애인이 직업과 가정을 가질 수 있는 나라

이지선 작가·교수(한동대학교 상담심리사회복지학부)

"엄마, 이거 보세요! 제가 포장한 책이에요. 참 예쁘죠?" 현호 씨는 자신이 만든 제품이 매장 입구에 진열된 모습을 가리키며 뿌듯한 미소를 짓습니다. 현호 씨 어머니도 아들이 포장한 제품을 사람들이 고르는 모습을 보고 감동합니다. 현호 씨는 서울 상암동에 있는 푸르메재단이 운영하는 마포푸르메직업재활센터에서 일하는 장애청년입니다. 면 가방에 붙일 브로치를 도안하기도 하고, 아이들이 사용할 스티커북을 포장하는 일도 합니다.

고등학교를 졸업할 때 현호 씨는 앞날이 두렵기만 했습니다. 사회에서 중증장애인이 할 일이 없었기 때문입니다. 하지만 현호 씨는 이곳에서 일할 기회를 얻었습니다. 일도 하고 동료들과 문화생활을 즐길 수 있는 직장이 생긴 것입니다. 어엿한 직장인이 된 현호 씨는 행복한 마음으로 출근길에 오릅니다. 이곳은 장애청년들이 자립할 수 있는 일자리를 만들기 위해 푸르메재단과 마포구청이 2016년 푸르메재단 넥슨

어린이재활병원 안에 설립한 시설입니다.

어릴 때 장애를 발견해 잘 치료하고 교육하여 자립해 살아갈 수 있도록 돕는 것보다, 중요한 시기를 놓쳐 평생 도움을 줘야 하는 것이 개인과 가족이 겪는 고통을 제외하더라도 세 배 이상의 비용이 든다고 합니다. 지금보다 더 나아질 수 있는데 가난하다는 이유로 시기를 놓쳐서는 안 됩니다. 정부와 사회가 나서야 합니다.

꼭 비용적인 측면이 아니더라도 일할 능력과 의지가 있는 장애인이 체계적인 직업교육을 받고 일자리를 갖게 되면 장애인과 가족의 삶도 더 나아질 것입니다. 장애인이 차별받지 않고 행복하면 모두가 행복합니다. 이것이 바로 선진국이고 복지사회입니다.

지난 2009년, 저는 보건복지부에서 한 달 동안 인턴 생활을 할 기회가 있었습니다. 당시 우리 정부가 추진 중인 장애인의 탈시설 정책과 장애인차별금지법 등에 미국의 좋은 사례를 어떻게 적용할 수 있는지 연구할 수 있는 기회였습니다.

미국 유학생활 동안 사회복지학을 공부하며 깨달은 것은 미국의 장애인시설은 지역사회와 완벽하게 융화되고 있다는 것입니다. 우리나라 장애인시설의 대부분이 아직까지 많은 장애인을 수용하고 있는 것이 현실입니다. 미국에 비하면 장애인 거주시설이 너무 대형화되어 있고, 지역사회에서 떨어진 외진 곳에 있어서 마치 격리된 것 같은 느낌이 강합니다. 이렇게 되면 장애인들의 자기결정권이 약해지고 복지와 인권이 취약해질 수밖에 없습니다.

선진국들은 일찍이 탈시설화를 추구해 장애인을 대규모 거주시설이 아닌 지역사회 내 소규모 그룹홈 등에 거주하며 일할 수 있는 모습으로 운영하고 있습니다. 물론 이들 선진국 역시 우리가 겪는 진통을 겪었습니다.

우리 사회도 이제 장애인이 지역주민의 관심과 사랑을 받으면서 함께 살아가야 합니다. 이런 조치가 과감히 이뤄져야 할 때라 생각됩니다. 장애인 차별에 대한 인식을 바꿔야 합니다. 선진국이 어떻게 장애인에 대한 사회적 인식을 변화시켜왔는지 체계적으로 연구해 해결점을 찾아야 합니다.

장애인에 대한 선입견이란 '함께 있는 것 자체가 불편하다'는 감정이 대부분입니다. 그런데 막상 장애인과 함께 어울려 생활하다 보면 이런 불편함이 없어지는 걸 사례와 연구결과를 통해 알 수 있습니다.

'보통의 삶이 시작되는 곳'은 푸르메재단이 지난 10년 동안 외국의 선진 복지시설을 연수하며 모든 기록을 책으로 엮어낸 것입니다.

푸르메재단은 2007년부터 환자가 중심이 되는 새로운 형태의 재활병원을 짓기 위해 고민해 왔습니다. 유럽, 미국, 일본 등 복지선진국의 재활병원, 직업재활시설, 생활시설 등을 방문해 이들의 장점을 기록했습니다. 이곳의 장애인이 행복한 이유는 어릴 때부터 개개인에게 맞는 재활치료와 직업교육을 잘 받아서 개인이 행복할 수 있는 사회적 시스템이 잘 갖춰져 있기 때문입니다.

장애인 통계에 따르면 선천적 장애보다 각종 사고와 질병으로 인한 후천적 장애발생 비율이 갈수록 높아지는 추세입니다. 우리 모두 잠재적인 예비 장애인임을 깨닫는다면, 장애와 더불어 살아가고 있는 선진국의 다양한 사례는 우리에게 시사하는 바가 클 것입니다.

작은 물방울이 모여 거대한 강물을 이루듯 사회 곳곳에서 장애인의 삶을 바꾸기 위한 노력을 하면 우리 사회의 큰 물줄기를 바꿀 수 있습니다. 장애인이 일할 수 있고, 장애인이 행복하다면, 모두가 행복한 사회로 나아갈 수 있습니다.

장애청년들의
행복한 일터를 꿈꾸며

백경학 푸르메재단 상임이사

"아이의 장애가 아니었다면 평생 몰랐을 일들을 겪게 되었지만 그래도 감사한 마음입니다." 태어날 때 의료사고로 뇌병변장애를 갖게 된 세은이. 부모님에게 아이가 장애를 갖게 됐다는 소식은 청천벽력 같았지만 겨우 마음을 진정하고 주위를 돌아보자 세은이 같은 어린이가 많다는 것을 깨달았습니다. 푸르메재단이 시민 1만 명의 기금을 모아 서울 마포구 상암동에 어린이재활병원을 짓는다는 소식을 듣고 세은이 부모님은 태아보험 보상금 중 일부를 건립기금으로 내놓았습니다. 부모님은 "병원이 우리 같이 장애아를 키우는 가족의 고통을 조금이나마 덜어주길 희망합니다."라고 말했습니다.

지난 2년 동안 종로구 신교동에 있는 푸르메재활센터에서 물리치료와 작업치료를 꾸준히 받은 네 살 상진이는 상태가 많이 좋아졌습니다. 아직 뒤뚱거리지만 걸을 수 있게 됐고 무엇보다 의사표현을 또렷하게 합니다. 어머니의 바람은 상진이가 늦게라도 초등학교에 들어갔으면 하는 것입니다.

푸르메어린이재활병원에 가면 치료를 받고 있는 수많은 어린이들을 만납니다. 저마다 가슴 질질한 사연을 안고 있습니다. 어머니를 만나 얘기를 나누다 보면 눈물이 앞을 가립니다. 한국 사회에서 아이의 장애가 얼마나 큰 불행이고 장벽인지 절감하게 됩니다. 치료를 받기 위해 몇 년 동안 전국을 뛰어다니다 보면 경제적으로 어려워지고, 결국에는 금슬 좋은 부부관계마저 깨져 이혼하는 경우를 많이 봅니다.

눈물겨운 사연을 듣다 보면 어머니들이 꼭 마지막에 하는 이야기가 있습니다. 그것은 아이들이 죽은 다음 날 눈을 감았으면 하는 것이 소원이라는 말입니다. 아이들을 놔두고 차마 눈을 감을 수 없다는 뜻이지요. 그런데 아이들이 일할 의지와 능력이 조금이라도 있고 이들을 받아줄 직장이 있다면 어머니들은 죽는 문제가 아니라 '어떻게 하면 잘 살 수 있을까, 아이에게서 벗어나 한숨 돌릴 수 있지 않을까'를 생각할 수 있습니다.

어린이들은 금방 자랍니다. 몇 년 지나면 청소년이 됩니다. 푸르메재단에서는 고등학교를 졸업한 장애청년들을 위해 작은 일터를 만들어 봤습니다. 파리바게트를 운영하는 SPC그룹에서 기자재와 초기 운영비를 지원하고, 서울시에서 공간을 마련해 주어 푸르메재단에서 운영하는 '행복한베이커리&카페'가 그것입니다. 행복한베이커리&카페에서는 바리스타 교육을 이수한 발달장애청년 12명이 일하고 있습니다. 많은 월급을 주지는 못하지만 청년들은 일한 대가로 매달 꼬박꼬박 월급 받는 것을 자랑하고 부모님들은 아이들이 매일 출근할 수 있는 직장이 있어서 행복합니다. 장애청년들에게 직장은 평생 살아갈 수 있는 힘의 원천입니다. 이들을 돌보느라 평생 발 한 번 뻗어보지 못한 부모·형제들은 이들이 일하기 시작하면서 비로소 자기 삶을 찾을 수 있습니다. 그래서 직장은 장애인보다 가족들에게 더 중요합니다.

저는 장애어린이들을 제때 잘 치료하면 된다고 생각했습니다. 그런데 치료를 받아 나아진 어린이는 다시 집으로 돌아가 어머니의 짐이 됐습니다. 장애어린이들이 잘 준비하고 세상에 나왔을 때 자신의 능력에 맞는 직업을 갖는 것이 얼마나 중요한지를 알게 됐습니다.

과연 우리사회에 맞는 장애인직업재활시설, 일터는 어떤 모습일까 하는 것이 고민의 시작입니다. 이때부터 푸르메재단과 산하기관 직원들은 외국의 장애인 일터를 공부하고 직접 자동차를 운전해 찾아가 묻고 메모하면서 그 현장을 기록하기 시작했습니다. 정부와 사회로부터 전폭적인 지원을 받는 독일과 오스트리아, 스위스 등 유럽형 직업재활시설부터 경쟁체제에서 살아남기 위해 효율성을 중시하는 미국과 일본 등 경쟁체제의 일터를 둘러보면서 그 모습들을 고스란히 기록하기 시작했습니다.

미국에서는 지역 기업과 주민들이 장애청년을 자식처럼 품어주면서 교육하고 일할 공간을 기꺼이 나누고 있었고, 독일에서는 세계 유수의 자동차 회사가 대규모 설비를 투자해 장애인들이 부가가치 높은 자동차 부품을 생산하도록 한 장애인공장이 인상적이었습니다.

푸르메재단은 우리사회에 맞는 장애인 일터를 찾으려고 합니다. 장애를 가진 우리 청년들이 평생직장으로 행복하게 일할 수 있는 일터를 준비하겠습니다. 어린이재활병원 건립을 꿈꾸고 준비해 왔듯이 푸르메 작업공동체를 꿈꾸고 만들기 위해 노력하겠습니다.

어린이가 행복하면 우리 모두가 행복하고, 장애인이 일하면 가족 모두가 행복합니다. 장애인이 행복한 날을 준비하겠습니다.

차례

01 | 직업재활시설

01

직업재활시설

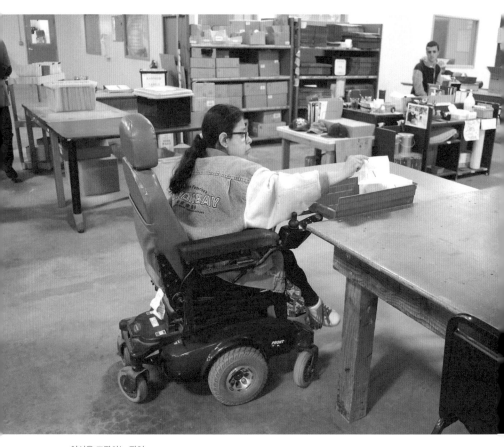

▲ 치실을 포장하는 작업

장애인
평생 일자리를 위하여
미국 에이블 인더스트리스

"2019년 3월부터 미국 전역에서 장애인과 비장애인에게 동일하게 최저임금제가 시행됩니다. 상대적으로 일 잘하는 장애인들은 근로환경이 좋은 일반기업으로 떠날 텐데 걱정이 이만저만이 아닙니다."

미국 샌프란시스코에서 남쪽으로 400km 떨어진 작은 도시 비살리아(Visalia)의 장애인 작업장 에이블 인더스트리스(Able Industries)에서 만난 웬디 라이 에이어스(Wende Leigh Ayers) 원장은 한숨부터 내쉬었다. 그녀는 "우리 작업장이 어떻게 지속적으로 일거리를 확보해 안정적으로 운영될 수 있을지 고민"이라고 말했다.

2500평에 달하는 대형 작업장

에이블 인더스트리스는 1962년 비살리아 옆 지역인 툴레어(Tulare)의 지적장애인 부모회가 주도한 장애인 교육센터로 출발했다. 그 후 비살리아와 디누바(Dinuba), 툴레어 등 인근 세 지역에 각기 다른 작업장

◀ 에이블 인더스트리스
입구

◀ 에이블 인더스트리스
물품창고 내부

◀ 문서파쇄 작업을 하고
있는 곳

을 만들었지만 경쟁력이 떨어진다는 판단에 따라 비살리아로 통합됐다. 현재는 개인용품과 식료품 포장, 생활용품 조립, 보안문서 파쇄 및 스캐닝, 청소, 세탁, 창고보관 등의 서비스를 하고 있다.

웬디 원장의 안내에 따라 안으로 들어서자 비행기 격납고처럼 끝이 보이지 않는 대형 작업장이 눈앞에 펼쳐졌다. 실내 작업장 규모는 2500평. 이전에는 세 배 규모였는데 통합해 줄인 것이 이 정도란다. 감탄이 절로 났다. 자기 건물이냐고 물었더니 빌린 것이란다. 월 임대료는 매월 2400달러(약 270만 원)에서 절반인 1200달러(약 135만 원)로 줄어들었다.

처음에 방문한 곳은 물품창고. 창고형 매장인 코스트코와 이케아처럼 높이 10m가 넘는 거대한 선반 위에 물건이 빽빽이 쌓여 있다. 에이블 인터스트리스가 생산한 물품뿐 아니라 온라인 쇼핑몰에서 주문한 제품들을 보관해 주면서 이것들을 포장해 운송하는 일까지도 맡고 있다고 한다.

한쪽을 막아 만든 작업실에서는 비닐 캡을 쓴 장애인 세 사람이 작은 비닐봉지 안에 흰 가루를 열심히 담고 있다. 치약가루라고 한다. 보통 치약하면 비닐튜브 안에 젤과 같은 형태의 치약만으로 알고 있었는데 치약가루는 처음 본다. 교도소에 있는 재소자들을 위한 것이란다. 보통 치약을 공급할 경우, 뚜껑이나 비닐 튜브가 자해나 다른 범죄 수단으로 이용될 우려가 있기 때문에 재소자들에게는 치약가루를 제공한다고 설명한다.

이어 방문한 곳은 종이박스가 산더미처럼 쌓여 있는 곳. 탱크처럼 생긴 두 대의 기계에서 하얀 분말이 쏟아져 나온다. 다가가 자세히 살펴보니 잘게 썬 종이 조각들이다.

◀ 웬디 원장

　여기는 기업과 은행에서 맡긴 문서를 파쇄하는 곳이다. 이 파트에서는 오전 8시 30분부터 오후 3시까지, 오후 4시 30분부터 밤 12시까지 2교대로 문서를 파쇄한다. 소음, 분진과 씨름을 해야 하기 때문에 이 파트에서 일하는 장애인의 임금이 높다.

장애인 근무자를 '고객'이라고 호칭하는 이유

　웬디 원장의 설명을 듣다 보니 재미있는 점이 있다. 공장에서 일하는 장애인들을 '우리 직원'이나 '우리 장애인'이라고 부르지 않고 꼭 '고객(client)'이라고 부른다는 점이다. 이유를 묻자 자신들의 프로그램에 참가한 소비자로 존중한다는 의미라고 설명했다.

　종이에 그려진 그림대로 스프레이 꼭지를 조립하고 있는 한 여성 장애인에게 일이 맞는지 물어봤다. 미스티 켈렉스(53세, Misty Kelex) 씨는 "18살부터 35년간 작업장에서 일해 오면서 매우 만족하고 있지만 외부에서 쓰레기를 분리수거하다 한 달 전부터 실내에서 일하다 보니

다소 답답하다."고 대답했다.

다른 한쪽에서는 작은 박스 안에 비닐장갑과 비닐 옷, 마스크, 청결제 등을 봉지에 담는 작업이 한창이다. 인근 교도소에 납품할 것으로 재소자들이 청소를 하는 데 사용된다고 한다. 가격은 40~50달러 선. 그때그때 주문에 따라 품목을 바꾼다니 이 작업장의 가장 큰 고객은 교도소인 것 같다.

법률로 장애인 작업장 생산품 우선 구매하도록 지원

왜 이렇게 교도소 용품이 많으냐고 물었다. 일반고용이 어려운 시각장애인들에게 고용기회를 제공하기 위해 1938년 제정된 '와그너 오데이(Wagner O'Day)'법이 다른 중증장애인에게 확대돼 작업장 생산품을 우선 구매하도록 규정한 '자비츠 와그너 오데이'법으로 1971년 개정됐다. 이로 인해 정부와 학교, 교도소 등에서는 필요한 물품의 10~15%까지 장애인 작업장에서 구매하면서 그 혜택을 에이블 인더스트리스에서 보고 있다. 에이블 인더스트리스는 매달 입찰에 참여하고 있지만 특별한 경우가 없는 한 낙찰받고 있어서 안정적인 일거리를 확보하고 있는 셈이다.

2016년 에이블 인더스트리스의 연간 예산은 645만 달러(약 72억 2000만 원). 265명의 장애인과 75명의 직원이 단순 포장 등 임가공업에 종사하고 있다. 장애인 작업장 규모로는 중간 정도이다.

예산의 45%는 캘리포니아주 정부가 장애인시설의 운영과 관리를 맡기고 있는 비영리기관(NGO)인 CVRC(Central Valley Regional Center)를 통해 지원하고 있다. 나머지 55%는 에이블 인더스트리스가 물건을

◀ 로버트 코디네이터

납품하거나 용역을 해 주고 받은 수익금, 회사에 프로그램을 제안해 받은 사업비, 지역사회로부터 받은 기부금 등으로 충당하고 있다고 한다.

NGO 믿고 장애인 관련 정책과 예산 맡기는 미국 정부

어떻게 비영리기관인 CVRC가 주 정부를 대신해 장애인의 의료와 일자리를 지원하는 정부의 역할을 할 수 있는지 궁금했다. 우리는 정부와 기업이라는 두 축이 사회 전반을 주도하고 있는 데 반해 미국은 NGO가 정부 및 기업과 함께 중요한 한 축을 담당하면서 정부와 기업을 견제하고 감시하는 것이 이채롭다.

이번 미국 장애인시설을 방문하는 데 동행하며 코디네이터 역할을 맡아 준 로버트 밥 핸드(67세, Robert Bob Hand) 씨는 "캘리포니아 장애인들의 한 달 급여는 평균 800달러(약 90만 원)로 높지 않지만 이와는 별도로 장애인 수당과 생활비가 약 800~1000달러가 지원되고 있어 다른 주의 장애인과 비교하면 상황이 좋은 편"이라고 설명했다.

로버트 씨는 42년 동안 캔자스와 아이오와, 뉴멕시코, 캘리포니아에서 장애인 작업장과 그룹홈을 만들어 관리해 왔기 때문인지 미국의 장애인 지원제도에 대해 웬디 원장보다 훨씬 더 전문적이고 깊이 있는 대답을 해 줬다.

장애인 봉사제도 통해 지역사회 기여

캘리포니아에서는 장애인들이 일하고 급여받는 단순한 생활에서 벗어나 주체적으로 삶을 결정하는 것을 실험적으로 도입하고 있다. 그중 좋은 예가 장애인 봉사제도. 지역사회의 도움 없이 장애인 작업장도 존재할 수 없는 만큼 일정 시간 지역사회를 위해 봉사하는 제도를 도입했다고 한다. 장애인들이 직접 도심 공원과 화장실 등을 다니며 청소하고 지역사회에 필요한 일을 한다는 것이다. 이와 함께 에이블 인더스트리스에서는 6개월 임기의 반장 선거와 매달 설문조사를 실시해 장애인들이 느끼는 문제점을 조사하고 있다.

거대한 작업장 한쪽은 통제구역이었다. 웬디 원장을 따라 보안이 철저한 두 개의 문을 따고 들어가니 4명의 장애인이 서류 속에 파묻혀 일하고 있다. 기업의 2005년 수입내역과 교회의 2009년 기부자 명단이 눈에 띈다. 서류들을 점점 더 보관하기 어려운 만큼 작업장에서는 서류들을 모두 스캔해 작업을 의뢰한 고객들에게 보낸다고 한다. 극비서류인 만큼 비밀이 외부로 새어 나갈 염려가 없는 지적장애인들이 이 업무를 수행하는 데 적격이라고 설명한다. 이 공장에서 사용하고 있는 파쇄기와 대형스캐너 등 값비싼 기계는 모두 기업으로부터 기부받은 것이

▲ 치실을 그림대로 정리한 뒤 포장하는 작업

라니 고마운 일이 아닐 수 없다.

상대적으로 고임금인 문서스캔이나 파쇄 업무도 있지만 대부분은 플라스틱 치실이 그려진 종이판 위에 치실을 올려놓은 뒤 개수대로 포장을 하는 단순노동에 집중되어 있다.

정부, NGO, 지역사회가 어우러져 장애인 지원하는 미국

로버트 씨는 "2019년 최저임금제가 시행되면 멀리 떨어진 곳이나 환경이 열악한 작업장은 외면받을 수 있고 이로 인해 영세 작업장은 점점 더 어려워질 수 있기 때문에 남은 기간 동안 근본적인 대책마련이 시급하다."고 강조했다.

그러나 남은 2년 동안 작업장이 스스로 대안을 마련하거나 갑자기 생산성이 높아질 것 같지는 않다. "그렇다면 결국 문을 닫게 되는 것이 아니냐?"는 질문에, 로버트 씨는 "지금까지 미국사회가 수많은 어려움을 겪으면서 건너왔듯 각 주 정부의 책임을 맡고 있는 CVRC에서 장애인과 작업장이 새로운 환경에서 생존할 수 있도록 대안을 내놓을 것"이라고 말했다. "너무 장밋빛 기대가 아니냐?"는 이어진 질문에 "그게 미국의 힘"이라고 그는 강조했다. 과연 가능할까 걱정부터 들었지만, 그가 42년 동안 미국 비영리분야에서 일한 경험에 근거해 미국 정부를 굳건하게 믿고 있다는 게 부러웠다.

인터뷰를 마치고 에이블 인더스트리스의 현관문을 나서는 순간 'We are fundraising with see's candies'라는 문구가 눈에 들어와 무슨 뜻이냐고 물어 봤다. 마을 마라톤과 바자회 같은 행사에 시민들이 참여해 캔디를 사면서 기부하는 프로그램이라고 한다.

NGO를 믿고 장애인 관련 정책과 예산을 맡기는 미국 정부, 변화하는 경쟁 체제에서 살아남으려고 발버둥 치는 장애인 작업장, 장애인들에게 어떤 도움을 줄 수 있을지 고민하는 NGO, 장애인들에게 도움의 손을 내미는 지역사회, 도움을 주는 지역사회를 위해 봉사하려는 장애인들. 이런 노력들이 어우러져 미국 장애인들이 살아갈 수 있는 환경을 만들고 있는 것 같다.

백경학

에이블 인더스트리스(Able Industries, Inc)
주소 8929 W. Goshen Ave. Visalia, CA 93291
전화 559-651-8150
홈페이지 www.ableindustries.org

스스로 선택하고
만드는 행복
오스트리아 레벤스힐페

참 이상한 일이다. 지적장애인들의 직업을 손꼽아 보면 말 그대로 한 손에 꼽힌다. 보호작업장의 작업 종류를 생각해 보면 더하다. 장애인도 비장애인과 다름없이 다양한 재능이 있고 다양한 선호가 있을 텐데 말이다. 장애 탓에 가능한 작업의 종류가 한정적이라는 것만으로는 설명이 어렵다. 요즘은 보호작업장에서도 일의 종류를 다양하게 개발하고 있다고는 하지만 아직은 갈 길이 멀어 보인다. 지적장애인들이 각자의 개성과 능력을 살려 일할 수는 없을까?

일을 통해 삶의 의미 터득

답을 찾아간 곳은 지구 반대편의 작은 나라 오스트리아의 한 단체. '삶의 도움'을 의미하는 레벤스힐페(Lebenshilfe)는 1967년 장애인 자녀를 둔 부모들이 만들었다. 일자리를 갖는 것 자체만이 아니라 일을 통해 자녀들에게 삶의 의미를 깨우쳐 주려는 목적으로 세운 것이다. 그렇게 시작된 레벤스힐페의 모든 기관은 결정을 내릴 때 장애인과 그 가족의 삶의 질을 가장 중요하게 생각한다. "장애인을 돌볼 책임은 가족이 아니라 국가와 이웃에 있습니다." 운영 책임자 코넬리아 비켈(Cornelia Bickel) 씨는 사회 전체가 가족의 마음으로 장애인을 대해야 한다고 강조했다.

레벤스힐페에 취업하려는 장애인은 최소 2주일 동안 시험 기간을 갖는다. 여러 종류의 작업장을 모두 둘러보고 경험하면서 어떤 일이 자기한테 맞는지 따져 본다. 한편 사회복지사도 그의 능력과 관심을 살펴 적합한 작업장을 찾는다. 일종의 상호 면접이다. 작업장과 작업 내용이 결정되면 계약을 맺고 레벤스힐페의 직원으로 맞이한다. 만약 찾아온 장애인에게 맞는 작업장이 없다면 함께 고민해 작업장을 새로 만들

◀ 오스트리아 각 지방에
분포된 레벤스힐페 작업장.
목공, 농장, 레스토랑,
아틀리에 등 다양한
작업장이 운영되고 있다.

어 낸다. 이런 식으로 레벤스힐페에서는 목공, 농장, 레스토랑, 아틀리에 등 각기 유형이 다른 작업장을 운영하고 있는데 우리는 그중에서 3곳을 방문했다.

사람은 사람이 필요하다

첫 번째로 찾은 곳은 한적한 주택가에 자리한 레벤스힐페 전문작업장(Lebenshilfe Vorarlberg)이다. 고택을 개조해 만든 3층 건물이 따뜻한 느낌을 준다. 이곳에서는 26명의 장애인과 9명의 비장애인 협력자들이 함께 일하고 있다.

여기서는 주로 종이공예 인형을 만든다. 종이를 개어 모양을 잡고 건조해서 채색한 다음 다시 건조해 완성하기까지 2주일 이상 걸린다. 장애인들은 종이를 물에 넣고 불려 손으로 개어 찰흙처럼 만들기도 하고, 주물러서 인형의 형태로 만들기도 한다. 물에 불린 종이의 촉감을 좋아하는 사람과 양털을 꼬아 실 형태로 만드는 반복적인 작업을 좋아하는 사람들을 위한 작업이다. 모든 것이 판매를 위한 제품을 생산하는 과정이라기보다는 치료과정에 더 가까워 보였다. 일을 하다가 휴식이 필요하면 별도의 공간에서 얼마든지 쉴 수 있다.

이렇게 1년 동안 만들어 낼 수 있는 종이 인형은 150개 남짓. 양초나 테이블보 등 이 작업장에서 생산하는 모든 물품은 매년 600~700개밖에 되지 않는다. 운영을 위한 수익이 충분히 나지 않는 것이 어쩌면 당연하다. 오스트리아 정부는 생산력이 떨어지는 장애인들의 직업을 위해 작업장 운영에 필요한 비용을 70% 이상 지원하고 있다.

◁ 레벤스힐페 작업장에서
장애인이 전문
자원봉사자의 도움으로
작품을 만들어 내는 모습.
생산된 제품은 장애인이
직접 판매한다. 전문
봉사자는 정부에서 급여를
보조받는데 그 덕분에
작업장을 안정적으로
유지할 수 있다.

◁ 크리스마스 시즌을 맞아
제작된 종이공예 작품들

◁ 장애인의 반복적인
활동에 아이디어를
불어넣어 종이로 만든
양 인형. 완성까지 2주일
이상이 걸려 운영을 위한
충분한 수익이 나지 않는
상품이지만, 오스트리아
정부의 지원 덕분에 계속
만들어지고 있다. 양 인형
만드는 과정을 치료의
하나로 인정하고 있기
때문이다.

장애인과 비장애인의 협력

사람들이 많이 찾는 번화가로 자리를 옮겼다. 아기자기한 상점들이 모여 있는 골목에 위치한 레벤스 아트(Lebens ART)는 생동감 넘치는 공간이다. 장애인의 창의성이 반영된 개성 있는 상품들이 진열되어 있고, 안쪽에서는 몇 명의 장애인들이 작업에 몰두하고 있었다. 이곳에서 만난 전문 자원봉사자 클레어(Clair) 씨는 "모든 작품은 장애인이 만드는 것이고 나는 도울 뿐"이라며 본인을 '조력자'라고 소개했다.

실제로 모든 작품은 장애인이 그린 그림이나 낙서, 종이를 오려 붙이고 색칠한 것들을 응용해서 만들어졌다. 이런 단순하고 반복적인 활동에 아이디어를 불어넣어 상품으로 개발하는 것이 클레어 씨의 역할이다. 전문 자원봉사자가 있기에 끊임없이 매듭만 짓는 자폐성 장애인도 이곳에서는 어엿한 직원이다. 털실 매듭에 나무를 깎아 만든 몸체를 더하면 예쁘고 개성 있는 양 인형이 완성된다.

장애인과 비장애인의 협력이 레벤스 아트의 가장 큰 특징인데, 그 배경에는 1964년 제정된 장애인 노동에 관한 법과 2008년 비준된 장애인의 권리에 관한 UN협약을 충실히 따르는 오스트리아 정부의 뒷받침이 있었다. 오스트리아 정부는 운영비를 지원할 뿐 아니라 봉사자와 기부자들, 기업의 기부를 뒷받침해 주는 다양한 제도를 마련했다. 장애 청소년의 직업능력을 키워 주기 위해 4년간 직업학교 교육을 하고, 전체 기관 예산의 70% 이상을 정부와 시에서 지원한다. 과세할 때 기부 내용을 반영해 장기 기부자에게 혜택을 주고, 장애인 작업장에서 생산한 제품을 구입하는 소비자에게 소득공제 혜택을 주는 제도 등을 마련했다.

◀ 농장을 일구고 레스토랑을 운영하는 순나호프 전경. 순나호프에서는 소, 양, 돼지를 키워 유제품과 고기를 생산하고, 채소와 꽃을 재배한다. 순나호프 상표를 단 제품들은 오스트리아 전역에서 팔려 나간다.

◀ 돼지를 키우는 목장은 치유와 생산의 장이다.

◀ 순나호프에서 생산된 유기농 농산물은 높은 가치를 인정받고 있다.

클레어 씨도 전문 자원봉사자로서 정부에서 급여를 보조받아 생활을 유지할 수 있다고 했다. 이런 제도들이 있기에 작업장은 안정적인 운영이 가능하고, 기부자와 소비자도 혜택을 받는다. 장애인이 일방적으로 사회에 의지하지 않고 서로가 서로에게 도움이 된다. '사람은 사람이 필요하다'는 레벤스힐페의 신조가 빛을 발한다.

작은 집들이 늘어선 산길을 10분 정도 달려 순나호프(Sunna Hof)에 도착했다. 산자락 아래 아늑하게 자리한 순나호프는 학습과 일, 생활, 레저를 동시에 가능케 하는 공간이다. 소, 양, 돼지를 키워 유제품과 고기를 생산하고, 채소나 꽃을 재배한다. 순나호프 안에 있는 레스토랑은 식사를 하는 장애인들과 지역주민으로 시끌벅적하다. 주민들은 이곳에서 질 좋은 먹거리를 구입하는데, 이 과정에서 자연스럽게 장애인과 비장애인의 교류가 이루어진다.

이곳에서 만난 한 주민은 "가격은 좀 비싸지만 몸에 좋은 유기농 먹거리를 살 수 있어 자주 찾는다."며 와인과 식초, 과일 잼을 구입했다. 순나호프 상표를 단 제품들은 이 레스토랑뿐 아니라 오스트리아 전역에서 팔려 나간다. 정성스럽게 생산한 유기농 제품의 가치를 인정받고 있어 판매 수익만으로 충분히 순나호프를 운영할 수 있다.

유기농 제품은 장애인의 학습과 일, 생활을 위한 활동에서 자연스럽게 생산된다. 소, 양, 돼지, 채소를 키우는 일들은 학습이자 치료이고, 놀이이자 작업이 된다. 동물의 털을 쓰다듬고 빗기는 작업, 우리를 청소하는 작업, 풀을 모아 사료와 함께 먹이를 주는 작업, 정성스레 꽃과 채소를 살피고 물을 주는 작업 등 작업 종류는 이곳에서 일하는 장애인의 수와 같다. 장애인의 관심사에 따라 일은 얼마든지 만들 수 있다.

개성을 존중하는 사람 중심 서비스

레벤스힐페는 위의 작업장 3곳을 포함해 13개 지역에서 60개의 시설을 운영하고 있다. 작업장, 레저 공간, 가족 관련 정보제공 등 다양한 사업을 펼친다. 레벤스힐페 기관들은 장애인이 자신의 삶을 선택할 수 있도록 해야 한다는 가치를 함께 공유한다. 행복의 조건은 최저 생계비 이상의 소득이나 주거 마련과 같은 물질적인 것만이 아니다. 장애인 본인이 행복하게 느끼는가 하는 주관적인 부분까지 포함하는 서비스를 제공한다는 것이 핵심이다. 이것이 50년 이상 이어져 온, 레벤스힐페의 사람 중심 서비스다.

우리도 이제 같은 얼음 틀로 찍어낸 얼음처럼 비슷한 모양의 삶을 사는 중증장애인들의 삶에 의문을 가져야 할 것 같다. 다를 수밖에 없는 사람들을 똑같은 틀 속에 밀어 넣고 있는 것은 아닐까? 교육하기 어렵다는 이유로, 서비스 제공의 편의를 위해 같은 틀에 개성을 묻어 버리지는 않았는지 다시 한 번 고민해야 한다. 그것이 바로 레벤스힐페가 말하고자 하는 레벤스힐페, 즉 '삶의 도움'이 아닐까?

이예경

레벤스힐페 작업장(Lebenshilfe Vorarlberg)
주소 Gartenstraße 2, 6840 Götzis, Austria
전화 05523 / 506
홈페이지 www.lebenshilfe-vorarlberg.at
이메일 lebenshilfe@lhv.or.at

발달장애인,
지역사회와 함께
미국 센트럴밸리지역센터

발달장애인들의 서비스 출입구

센트럴밸리지역센터(Central Valley Regional Center)는 캘리포니아주에서 발달장애인을 종합적으로 지원하는 지역센터 21개 중 하나로 발달장애인을 지원하는 중추적 역할을 맡고 있다. 캘리포니아주에서 발달장애인이 서비스를 받기 위해서는 이곳을 통해야만 하기에 '발달장애인들의 서비스 출입구'라고 불리기도 한다.

아름다운 빛과 자연을 품은 요세미티 국립공원으로 가는 길목인 프레즈노에 위치한 센트럴밸리지역센터는 파란 하늘과 어울리는 베이지색 느낌의 규모가 큰 2층 건물이었다.

헤더 플로레스(Heather Flores) 사무총장이 밝은 미소로 우리 일행을 반갑게 맞았다. 로비에 들어서자 1974년 이곳을 설립한 앨리스 곤잘레스(Alice Gonzalez) 여사가 아이들과 함께 서 있는 조각상이 인상적이었다.

▲ 센트럴밸리지역센터 건물

◀ 캘리포니아 지역센터 안내도

▲ 설립자 앨리스 곤잘레스 여사
　조각상

▲ CVRC 사업을 설명하고 있는 헤더 사무총장

"우리 센트럴밸리지역센터는 발달장애인들이 지역사회에서 비장애인들과 함께 살아갈 수 있도록 전 생애주기별로 지원하고 있습니다. 발달장애인들이 비장애인과 함께 일하게 되고 자립 생활을 할 수 있도록 새로운 인센티브 프로그램을 운영하고 있는 거지요."

헤더 사무총장은 센트럴밸리지역센터의 사업에 대해 소개하면서 다른 사업보다도 '발달장애인의 고용 문제'에 대해 캘리포니아주가 직면한 현실을 설명했다.

발달장애인들에게 전 생애주기별 지원 서비스 제공

헤더 사무총장은 "센터의 미션은 발달장애인이 자신들의 목표를 달성할 수 있도록 지원하는 것이며 이를 위해 지역사회와 서로 협력하고 있다."라고 강조했다. 6개 지역을 담당하고 있는 센터는 모든 연령이 서비스를 이용할 수 있다고 한다.

센터의 목표는 5가지로 요약된다. "첫째, 발달장애인을 위한 옹호자로서 역할을 한다. 둘째는 장애인과 가족의 특별한 욕구를 파악하고 사람 중심의 계획을 수립한다. 셋째는 이 계획에 지역사회 자원을 활용해 가장 효과적인 서비스를 제공한다. 넷째, 장애를 예방하고 조기에 발견하기 위해 지역사회를 지원한다. 마지막으로 새로운 혁신적인 프로그램을 개발하고 기존의 지역사회 자원을 확대하도록 지원한다."고 헤더 사무총장은 강조했다.

센터는 지역사회 내 기관과 연계해 발달장애인과 가족들에게 진단, 평가 및 사례관리서비스, 평생설계, 권익옹호서비스를 제공한다. 직접적인 서비스를 제공하지는 않지만, 중재자 즉 서비스 제공 기관과 장애인의 코디네이터로서 장애인과 가족, 지역사회에서 매우 중요한 역할을 하고 있다.

그룹홈 프로그램 통해 장애인 자립생활 지원

서비스는 주 정부의 지원에 힘입어 무료로 제공되며, 소득에 따라 서비스 비용이 책정되어 있다. 센터는 가장 최소의 금액으로 발달장애인의 요구를 충족하는 서비스를 찾기 위해 노력하며 적합한 기관을 찾으면 이에 맞는 서비스를 하고 있다.

435명의 직원이 2016년 한 해 동안 약 1만 7100명에게 서비스를 제공했으며, 캘리포니아주 전체로는 약 30만 명이 서비스를 이용하고 있다고 한다. 그중에는 지적장애인과 자폐성장애인이 67%로 가장 많고 나머지가 뇌성마비, 뇌전증(간질) 장애인이었다. 72%가 집에서 생활하는 장애인이었다.

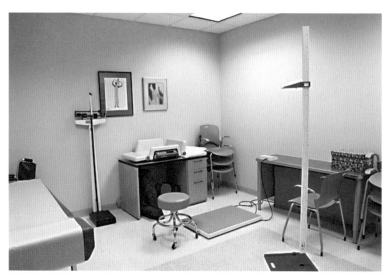

▲ 진단 및 평가가 이루어지는 상담실로 영유아를 위한 별도 공간이 마련되어 있다.

▲ 사례관리자(case manager)와 상담사 등이 근무하는 사무실 전경

센터는 성인 장애인들에게 자립 생활을 하도록 적극 지원하고 있다. 특히 사회통합을 막는 발달센터를 폐쇄하고 소규모 거주시설 또는 그룹홈 프로그램을 통해 장애인들의 자립 생활을 지원하고 있다.

헤더 사무총장의 상세한 설명을 통해 지역센터가 핵심 가치를 잘 반영하면서 모든 서비스를 생애주기에 맞춰 개인 중심, 사람 중심으로 이루어지고 있다는 것을 확인할 수 있었다.

사무실을 나와 두 개의 공간을 견학할 수 있었다. 연령과 장애 정도에 따라 상담과 진단, 평가가 이뤄지는 상담실과 서비스 중재자 역할을 하는 매니저들의 사무공간이다. 사무실은 칸막이가 높아서 관공서 느낌이 강했지만 개인별 맞춤서비스를 제공하기 위해 개인 업무를 존중하는 형태로 꾸며져 있었다.

비장애인과 장애인이 함께하는 일자리 프로그램

센터가 최근 집중하고 있는 '비장애인과 장애인이 함께하는 일자리(Competitive Integrated Employment)' 프로그램에 대한 설명을 위해 헤더 씨는 우리에게 고용 전문가인 데이비드 커세얀(David Keosheyan) 씨를 소개했다.

적극적으로 장애인을 고용하는 이유에 대해 깊이 있는 설명을 듣지 못했지만, 2013년 9월 오바마 정부가 주요 정책으로 채택한 우선고용(Employment First) 정책과 이에 따른 최저임금지급제도와 맥을 같이하고 있는 것 같았다.

이 프로그램은 2개의 세부 사업으로 나뉜다. 먼저, '인센티브 프로그램'으로 장애인이 병원이나 기업에서 1년간 무급으로 일할 수 있는

◀ 인센티브 및 유급 인턴십
프로그램 성공사례
출처: Project SEARCH
www.projectsearch.us

기회를 제공해 나중에 정규 직원으로 채용한다.

　인센티브 프로그램은 오하이오주에서 시작해 성과를 거두자 캘리
포니아주에서 벤치마킹해 널리 진행되고 있다. 데이비드 씨는 "인턴십
을 통해 장애인 70% 이상이 채용되었고, 처음 12명으로 시작해 8명이
채용되는 성과를 보였다."며 "취업하지 못하고 다시 돌아온 4명에게는
다른 직업이나 프로그램을 시작할 수 있도록 지원하고 있다."며 포기하
지 않도록 지속적으로 기회를 준다고 한다.

　다른 하나는 최근에 시작된 '유급 인턴십 프로그램'이다. 6개월간
인턴십을 실시하는 동안 병원이 장애인에게 임금을 지급하면 해당 비
용을 센터에서 병원에 지원해 주는 방식이다. 18~22세의 장애인이면
이용이 가능하며 개별프로그램계획(IPP)에 따라 진행된다고 한다.

　데이비드 씨는 오하이오주 프로젝트를 통해 취업에 성공한 장애인
들의 사례를 보여주면서 "앞으로 이 프로그램을 통해 많은 장애인들이
비장애인들과 함께 매일매일 즐겁게 일할 수 있게 되기를 바란다."고
말했다.

사람 중심의 가치와 철학으로 운영되는 CVRC

헤더 사무총장, 데이비드 씨와의 만남을 통해 센트럴밸리지역센터가 지식서비스 제공 기관들과 힘께 발달장애인의 교육, 고용 등과 같은 문제 해결을 위해 사람 중심의 가치와 철학을 가지고 일하고 있음을 알 수 있었다.

미국 출장 기간 동행하며 방문기관들을 안내해준 로버트 밥 핸드(Robert Bob Hand) 씨에게 기업이 장애인을 고용하면 어떤 혜택이 있는지에 대해 물었다. 그는 "장애인들이 경쟁력을 가지고 있기 때문에 고용한 기업에 혜택을 주지도 않지만, 기업 또한 이익을 바라고 장애인을 고용하는 것이 아니라 그 사람이 그 일을 잘할 수 있기 때문에 고용한다."고 강조한 것이 인상 깊었다.

우리처럼 장애인을 고용하는 기업이 손해 보지 않게 보상해 줘야 한다는 생각, 바로 그 자체가 장애인을 차별하는 의식이라는 것을 깨닫는 순간이었다.

이번 방문을 통해 우리나라의 장애인 직업재활은 장애인을 사회에서 분리하고 특별하게 대우해야 한다는 강박관념으로 제도를 마련해 온 것은 아닐까 하는 생각이 들었다. 그저 장애인들만을 위한 좋은 공간, 좋은 설비, 좋은 프로그램을 '통합'이라는 이름으로 포장한 채 사람 중심의 가치와 철학을 담은 직업을 고민하지 않았던 건 아닌지 되돌아본다.

이민희

센트럴밸리지역센터(Central Valley Regional Center)
주소 44615 N. Marty Ave. Fresno, CA 93722
전화 559-276-4300
홈페이지 www.cvrc.org

마을에서
나의 진짜 인생을 외치다
일본 AJU 자립의 집

"복지를 받는 입장이 아니라 복지를 만듭니다."

동네에서 친구를 사귀며 거리를 활보하고 일상을 보내는 자유. 이런 쉽고 당연한 일이 장애인에게는 오랜 시간과 노력을 들여야 하는 어렵고 간절한 일이다. 집이나 거주시설에서 나온 장애인들이 '마을에서 같이 살아 보자'며 삶을 꾸려 가는 곳, 장애인이 스스로 선택한 삶을 살 수 있도록 하는 일이 진정한 복지라고 말하는 곳이 있다.

나고야시 쇼와구에 위치한 AJU 자립의 집(AJU自立の家)은 장애인이 지역사회에서 주체적인 삶을 살아갈 수 있도록 돕는 자립생활센터이다. 장애인들이 비장애인들과 함께 살아가는 복지마을을 만드는 것이 궁극적인 목표이다. AJU 자립의 집은 1973년 설립 이후 장애인 일터 '와다치 컴퓨터 하우스', 자립홈 '사마리아 하우스', 와인 제조업체 '피어 나고야', 정신장애인 그룹홈 '나고야 멕·피트 하우스' 등을 운영하며 장애인 자립의 역사를 일궈 왔다.

컴퓨터 전문가로 거듭나는 곳

와다치 컴퓨터 하우스는 중도장애인이 컴퓨터를 사용해 일하는 일터로 조용한 주택가 안쪽에 자리하고 있었다. '노동을 통해 자립하고 싶다'는 의지를 가진 장애인들이 1984년 세운 중견 컴퓨터 회사이다. 사업 기획과 업무 진행뿐만 아니라 예산 작성, 급여 배분 등의 세부적인 역할도 장애인이 주도해서 이뤄지고 있었다. 지체, 시·청각, 발달장애, 정신장애인 직원 42명과 비장애인 직원 13명이 함께 일한다.

장애인 직원들은 컴퓨터 키보드를 두드리거나 입력을 하는 등 작업에 열중하는 모습이었다. 이제껏 봐 온 장애인 일자리의 제품을 생산하는 모습에 익숙해서인지 보이는 광경이 다소 낯설었다. 마코토 미즈타니(水谷 真) 소장은 "데이터 입력, 시스템 개발, 조사 기획, DM발송 및 인쇄제작 업무를 4개의 작업실에서 담당하고 있다."며 먼저 시스템 개발실로 안내했다.

와다치 컴퓨터 하우스는 주로 정부나 지자체 프로젝트를 수행한다. 장애인의 관점을 살린 컨설팅이 강점이다. 나고야 중부국제공항을 누구나 편리하게 이용할 수 있도록 유니버설 디자인을 반영한 설계 기획, 지리정보시스템(GIS)를 통해 재난피난지원시스템 기획과 피난 지도 제작 등이 대표적이다. 특히 피난 지도는 주민 워크숍에서 자주 사용될 정도로 활용도가 좋다고 한다. 장애인 택시 예약시스템도 자랑할 만한 사업으로 꼽힌다. 휠체어 승하차 택시를 이용하고 싶은 장애인들이 예약을 하면 담당 직원이 접수해서 사용가능한 택시를 연결해 준다. 나고야시에서 장애인 택시 5대를 지원하고 있어 중계소 역할을 톡톡히 하고 있는 셈이다.

▲ 자료집을 보여 주고 있는 마코토
미즈타니 소장

▲ AJU 자립의 집에서 운영하는 와다치 컴퓨터 하우스에서 컴퓨터 업무를
하고 있는 장애인
▲ 장애인 택시 예약관리업무를 처리하고 있는 지체장애인

　장애인이 일하는 회사라서 일을 따내는 것이 유리하리라는 생각은
오산이었다. 비장애인과 동일한 방식으로 영업을 뛰고 계약을 따낸다.
상대방이 '오케이' 할 때까지 문을 두드린다. 물론 초기에는 장애인의
업무 능력에 대한 인식이 부족해 영업에 어려움을 겪기도 했었다. 하지
만 '차별 아닌 경쟁'이라고 받아들이는 태도가 통했던 걸까, 지금은 비

장애인과 대등한 입장에서 발언권을 갖고 설계 기획에 참여하는 일이 늘었다.

데이터 입력실이 유독 바빠 보였다. 입력을 마치면 조사기획 업무 담당자들이 데이터를 분석해 자료집을 제작할 수 있도록 시간 내에 자료를 넘겨야 하기 때문이다. 요즘 업무량이 부쩍 많아져 아르바이트를 채용할 정도라고 한다.

원하는 일을 한다, 고로 존재한다

직원들은 장애 정도에 따라 작업환경을 바꿔 편안하게 일한다. 나고야시 골프장의 새 시스템을 관리하는 한 중증장애인은 바닥에 담요를 펴고 앉아 일을 하고 있었다. 몸은 불편해도 전문 능력을 발휘하고 있는 베테랑이라고 한다. '장애를 환경에 맞추는 것이 아니라 환경을 장애에 맞추라'는 구호가 가슴에 절절히 와닿는 순간이었다.

부가가치가 높은 컴퓨터 관련 직종의 특성상 급여도 상대적으로 높은 편이다. 신입직원이 20만 엔(약 200만 원)을 받는데 비장애인 직원보다 많이 받을 때도 있다고 귀띔했다. 요즘은 외부 업체와의 경쟁이 심화돼서 영업에 어려움을 겪기도 하지만, 정부의 보조금으로 인건비와 운영비를 충당할 수 있다고 한다. 장애인 직원들은 대부분 부모로부터 독립해 가정을 꾸리며 살아가고 있다. 집도 직장 근처에 얻어 출퇴근도 수월하다. 각자에게 주어진 업무를 책임지고 해 나가는 직원들에게서 '전문가'의 모습을 본다.

내일을 꿈꾸며 하숙하는 사람들

와다치 컴퓨터 하우스에서 15분 정도 걸으면 장애인이 생활하는 사마리아 하우스와 만날 수 있다. 주택과 작은 상점들을 지나 횡단보도를 건너면 성당 옆 탁 트인 곳에 있는 화사한 2층 건물. 외관은 전망 좋은 펜션처럼 느껴졌고 안으로 들어서니 아늑하고 편안한 분위기를 자아냈다. 휠체어를 탄 채 마중 나온 사마리아 하우스의 오사무 이사다(石田長武) 소장은 "장애인의 하숙집에 오신 걸 환영한다."고 반겼다.

사마리아 하우스는 장애인이 자립 생활을 준비하기 위해 주거할 수 있는 체험홈과 자립홈, 지역주민과 관계 맺고 다양한 경험을 하는 주간보호센터를 운영하고 있다. 자립홈 입주자는 15명, 주간보호센터 이용자는 10명, 운영 지원을 담당하는 직원 10명이 함께한다.

주거 공간만 제공하고 시간은 온전히 장애인의 선택으로 채워진다. "이용자의 의사를 존중하는 것이 원칙이다. 정해진 일과가 따로 없기 때문에 입주자가 주도적으로 자신의 일상을 만들어 가고 있다. 단순히 거주할 곳이 필요한 장애인은 우리의 이념과 맞지 않다."고 오사무 이사다 소장이 단호하게 선을 긋는다. 주로 가족과 시설의 보호에서 벗어나 주도적인 삶을 살아가길 원하는 장애인들이 일정 비용을 내고 입주하고 있다. 취업 여부에 따라 5500엔~2만 엔(약 5만 5000원~20만 원)을 지불한다.

체험홈은 3일~2주일 정도의 단기간에 자립 생활을 체험해 보는 임시 주거 공간이다. 자립홈은 지역사회 안에서 생활하고 사회 경험을 쌓으며 자립 능력을 갖출 때까지 최대 4년 동안 거주할 수 있다. 흥미로운 것은 두 방의 구성이 확연히 다르다는 점이다. 체험홈에는 TV, 침대,

책상, 조리기구 등 생활에 필요한 기본적인 물품이 완비되어 있지만, 자립홈에는 아무것도 없다. 하얀색 빈방이 전부다. 막상 입주하면 어디서부터 시작해야 할지 막막할 것 같다.

오사무 이사다 소장은 "필요한 물품은 스스로 고르고 구입해야 한다."고 힘주어 말했다. 문 앞에 개성이 담긴 명패를 붙이고 텅 빈 방에 자기가 필요한 물건을 채워 넣는 과정을 통해 어디에도 없는 '자기만의 방'이 탄생하는 것이다. 하얀 도화지를 자기만의 색깔로 물들이는 기쁨을 상상해 본다. 자립홈은 누구의 강요나 간섭을 받지 않은 상태에서 온전히 자신이 선택한 대로 삶을 설계해 보는 자유로운 공간이라는 생각이 든다.

자립의 '성공'과 '실패'를 말하기 전에

아무리 자유로운 공간이 있어도 중증장애를 가졌다면 생활이 어렵지는 않을까? 일본에는 활동보조제도와 비슷한 홈헬퍼제도가 정착되어 있다. 한국에서는 혼자서 생활이 어려운 중증장애인에게 가사 및 이동 지원, 방문 목욕, 방문 간호 등으로 서비스가 한정되어 있고 이용 시간도 턱없이 부족하다. 일본에서는 일상 지원뿐만 아니라 자립 훈련, 의료 지원 등 서비스 범위가 폭넓고 이용 시간도 길다. 헬퍼가 필요한 입주자는 본인이 직접 신청해 이용하고 자원봉사자가 필요하다면 홍보 전단지를 돌려 모집하기도 한다. 직원들은 단순히 복지서비스를 제공하는 역할에서 벗어나 장애인이 선택한 방향대로 나아가도록 최소한으로 개입하고 있었다.

25년 동안 사마리아 하우스를 거쳐간 장애인은 100여 명. 대부분 지

▲ 장애인의 자립 생활을 돕는 사마리아 하우스는 체험홈, 자립홈, 주간보호센터로 구성되어 있다.

▲ 장애인의 입주 생활을 설명하는 오사무 이사다 소장

▲ 장애인이 가족이나 시설에서 독립해 자기 생활을 체험해 볼 수 있도록 꾸며진 체험홈

◀ 자립홈 입주자의 개성이
느껴지는 문패가 눈길을
끈다.

◀ 목욕탕 예약 게시판. 장애
정도에 따라 목욕 시간이
다를 수 있는 점을 고려해
원하는 시간에 명찰(1개당
30분)을 걸어 놓고
사용한다.

역사회에 정착해 살아가고 있다고 한다. 자립홈의 경험을 살려 헬퍼의 도움을 받아 생활하며, 후배 입주자를 위해 자원봉사를 오기도 한다.

다시 한국의 현실로 눈을 돌려 본다. 장애인 거주시설에 맡겨져 15년간 살다가 '탈출'을 감행한 장애인의 이야기를 접했을 때 가슴이 먹먹했다. 막상 나오더라도 활동보조제도를 비롯해 자립을 돕는 사회복지서비스들이 받쳐 주지 못해 어려움을 겪는 경우가 부지기수라고 한다. 그럼에도 불구하고 강요받지 않고 온전히 자신의 선택으로 새로운 인생을 살아가는 사람들이 있다. AJU 자립의 집처럼 장애인이 지역사회에서 자신이 원하는 삶의 방식을 고민하고 행동으로 옮기는 일이 얼마나 중요한지를 느낀다. 종로구에 위치한 푸르메재단과 마포구에 들어선 푸르메재단 넥슨어린이재활병원. 지역에서 더 많은 장애인들을 만나고 싶다.

정담빈

와다치 컴퓨터 하우스(わだちコンピュータハウス)
주소 名名古屋市昭和区下構町1-3-3
전화 052-841-9888
홈페이지 www.aju-cil.com
이메일 wadachi-ch@aju-cil.com

사마리아 하우스(サマリアハウス)
주소 名古屋市昭和区恵方町2-15
전화 052-841-5554
홈페이지 www.aju-cil.com
이메일 home@aju-cil.com

이웃나라
일본 장애인의 '평범한 삶'

　먹고, 자고, 씻는 일부터 외출해서 일을 보는 것까지. 중증장애인은 누구에게나 주어진 하루 24시간을 살아내기 위해 매 순간 겹겹이 둘러쳐진 장벽과 맞닥트린다. 생존과 직결된 활동보조서비스는 장애인 스스로 자신의 삶을 선택하고 관리하며 사회에 자유롭게 참여하기 위해 필수적이다.

　한국에서는 장애 등급에 따라 활동지원서비스 이용 여부가 결정된다. 반면 일본에서는 장애인의 욕구를 최우선으로 두고 다양한 상황을 다각도로 고려해 지원하고 있다. 한국에서는 만 18~65세 미만 성인으로 사지마비·와상장애인 등 장애 1등급을 대상으로 한다. 일본에서는 어린이와 성인 모두를 아우르며 신체·지적·정신 난치병 환자에 이르기까지 장애 유형과 무관하게 지원한다. 서비스를 일괄적으로 제공하는 한국과는 달리 생활 전반에 걸쳐 필요 기간과 대상자 특성에 맞춰 맞춤형 서비스를 제공한다는 점도 눈여겨볼 만하다. 이런 원칙은 2013년 4월 제정된 '장애인종합지원법'에 따른다고 한다.

　한국에는 장애 등급이 낮다는 이유로 24시간 활동지원서비스를 받지 못해 고통받거나 죽음에 이른 장애인들이 많다. 장애가 중증인지 판단할 뿐만 아니라 장애인의 욕구, 보호자, 주거환경 등으로 서비스의 내용을 결정하는 일본과는 현실이 너무 다르다. 장애인이 진정으로 자립하기 위해서는 당사자가 무엇을 필요로 하는지 한 명 한 명의 목소리에 귀를 기울이려는 노력이 중요하지 않을까. 바로 옆 나라에서처럼 일상에 별다른 제약을 느끼지 않고 평범한 생활을 누릴 수 있는 장애인들을 보고 싶다.

참고: 24시간 장애인 활동지원체계에 관한 한·일 비교연구, 장애인복지연구 제6권 제1호, 한국장애인개발원, 2015.

대기업도
안심하고 일감을 맡긴다
독일 가리다스 디히우 작업장

카리타스 다하우 작업장(Caritas Werkstatt Dachau)으로 향하면서 예전에 한국에서 만난 어느 지적장애인을 생각했다. 빵을 만드는 작업장에서 일하는 그에게 무엇이 가장 재미있느냐고 묻자 "말랑말랑한 빵을 반죽하는 게 즐겁다."고 했다. 그러나 지금 그는 기업의 하청 작업을 하는 다른 작업장에서 화장솜을 포장한다. 우리나라에서 장애인이 한 보호작업장에 머물 수 있는 기간은 2년에 불과하기 때문이다. 말랑말랑한 빵 반죽의 감촉을 좋아하던 그가 화장솜을 포장하는 일을 하면서도 행복할까?

세상과 사람에 대한 사랑을 뜻하는 카리타스

카리타스는 사랑, 애덕, 자선이라는 뜻의 라틴어다. 로마 바티칸에 본부를 둔 국제 카리타스는 전 세계 162개 가톨릭 개발 및 구호 단체의 국제적 연합체다. 네 방향으로 뻗은 붉은색 불꽃과 십자가 로고는 세상

과 사람에 대한 사랑을 상징한다. 독일 카리타스에서 운영하는 작업장
은 4곳인데 우리가 찾은 곳은 1976년에 설립된 뮌헨 서북부 다하우 지
역의 작업장이다.

'장애인의 천국'이라는 유럽이라기에 작업장 건물부터 뭔가 특별할
거라 기대했는데, 전형적인 공업단지에 있는 카리타스 작업장은 주변
의 다른 공장들과 다를 게 없는 평범한 건물이었다. 카리타스가 장애인
작업장의 모범 사례로 꼽히는 이유는 다른 데 있었다. 안으로 들어가
작업장을 둘러보자 답은 쉽게 나왔다.

카리타스 다하우 작업장에서는 60명의 지적장애인과 정신장애인,
40명의 비장애인이 팀을 이루어 함께 일한다. 대부분의 생산 과정은 장
애인이 맡고 있으며 여기서 생산된 제품은 일반 작업장과 똑같이 자유
경쟁 방식으로 판매된다. 상품 판매 수익의 70%는 기업 수주 물량인데
발주처는 대부분 내로라하는 대기업들이다.

▲ 전형적인 공업단지에 있는 카리타스 작업장은 평범해 보이는 외관과 달리 최고의 재활 작업장으로 꼽힌다.
▲ 목공예 작업을 분담하여 수행하는 모습. 적성에 맞는 일을 하는 장애인 근로자들의 표정이 밝다. 카리타스 다하우 작업장에서는 60명의 지적장애인과 정신장애인, 40명의 비장애인이 팀을 이루어 함께 일한다.

철저한 품질관리와 신뢰가 밑바탕

대기업에서도 안심하고 일감을 맡길 수 있는 이유는 무엇일까? 카리타스 작업장의 경쟁력은 체계적인 직업교육과 철저한 품질 관리에서 나온다. 카리타스에서 일하는 장애인들은 작업장 내 직업학교에서 2년 동안 사전 교육을 받는다. 이 기간의 교육비는 전액 노동청에서 지원한다. 장애인들은 직업학교에서 자신의 적성 및 장애 유형에 적합한 기술을 찾은 후 자기가 선택한 분야에서 일하게 된다. 또 카리타스 작업장에는 각 분야별로 마이스터가 있어서 장애인들에게 전문적인 기술을 전수한다. 경력, 교육, 자격시험 등 까다로운 과정을 거쳐 한 분야에서 최고의 경지에 오른 마이스터는 우리나라로 치면 기능장, 명인에 해당하는데 이들이 현장에서 장애인들을 가르친다.

작업은 조립, 포장, 가공, 목공, 금속, 금형, 전자의 7개 분야로 분류되어 있다. 작업 분야별로 마이스터와 그룹장이 있고, 1명의 마이스터 아래 20명의 장애인이 일한다. 마이스터는 교육 훈련과 기술 전수를, 그룹장은 장애인의 어려움과 작업 성과 파악을 담당한다.

다하우 작업장에서는 장애인들이 간단한 전기 부품의 조립부터 조금 위험해 보이는 장비를 이용한 작업까지 다양한 일을 하고 있다. 작업에 열중한 모습만 봐서는 누가 장애인이고 누가 비장애인인지 구분이 가지 않는다. 현장에서 벗어나 복도를 뛰어다니는 사람, 불안한 얼굴로 관리자에게 무언가를 호소하는 사람을 보고서야 이곳이 장애인 작업장이라는 사실을 새삼 떠올렸다. 이런 식으로 심리적 불안을 드러내는 모습도 카리타스에서는 일상적 풍경이다. 간혹 근무자들이 업무 시간을 다 채우지 못하고 집으로 돌아가고 싶다는 경우도 있다고 한다. 그럴 때는 그룹장이 가족과의 전화 통화를 주선해 마음을 안정 시키거나 일찍 퇴근하도록 해서 작업자의 상태에 맞게 일과를 조절해 준다.

작업장의 중심은 사람

카리타스 작업장 근무자의 60%는 주 40시간을 일한다. 나머지는 장애 정도 등에 따라 근무 시간이 더 짧다. 주 20시간 일하는 사람은 20% 정도 된다. 일과는 오전 7시 30분에 시작해 오후 3시 45분에 끝나고, 작업을 마친 후에는 대개 취미 활동을 한다.

카리타스 작업장은 다른 기업과 일을 할 때 신뢰를 최우선으로 생각한다. 한 번이라도 제품에 문제가 생기면 일감을 잃을 수도 있으므로 품질을 철저히 따진다. 이렇게 믿음을 쌓았기 때문에 독일을 대표하는 기업인 지멘스 그룹에서도 금속, 금형 분야를 떼어 내 이 작업장에 맡겼다. 트럭 회사 만도 이곳에 자동차 부품 조립을 의뢰한다. 카리타스 작업장이 20년 넘게 기업과 지속적인 관계를 이어온 밑바탕에는 철저한 품질 관리와 신뢰가 깔려 있다.

그렇다고 외형적 성과만 강조하는 것은 아니다. 작업장의 중심은 사람이다. 다하우 작업장의 책임자 로타어 나투슈(Lothar Natusch) 씨는 "생산품의 종류를 늘리기 위해 여러 가지로 시도하는 중"이라고 밝혔다. 각자의 개성을 살린 작업 프로그램을 개발해야 일하는 사람이 즐겁고 작업 성과도 높아진다는 것이다. 이런 시도가 가능한 것은 전체 수익의 75~80%를 바이에른주 정부와 노동청에서 지원하고 있기 때문이다. 작업장의 다양한 시도를 뒷받침하는 든든한 사회적 지원이 있기에

▲ 작업장 로비에는 주문 제작한 다양한 자체 생산품이 전시되어 있는데 그중에서 테이블은 인근의 맥도널드에 판매되었다고 한다.

▲ 작업장에서 교육한 목재 가공 능력과 창의력을 발휘해 만든 상품을 소개한 자료.

▲ 작업장에서 동료들과 함께 일하고 있는 장애인. 적성검사 결과에 따라 일터가 제공된다.

카리타스 작업장에서는 일하는 사람의 개성과 창의성이 최대한 발휘될 수 있다.

아무리 경쟁력 있는 제품을 생산하고 판매한다 해도 거기서 나오는 수익만으로는 장애인 작업장을 운영할 수 없는 것이 현실이다. 작업장에서 일하는 장애인들의 기본적 생활은 정부와 자치 단체에서 책임진다. 장애인이 카리타스에서 받는 급여는 월 100유로(약 14만 원) 정도다. 따로 생활비가 나갈 일이 없기 때문에 급여는 개인적으로 저축을 하거나 용돈으로 쓴다.

가족과 멀리 떨어져 있어야 하거나 독립생활이 불편한 지적장애인들에게는 작업장에서 숙식을 제공한다. 현재 기숙사 생활을 하는 장애인은 25명이다. 출퇴근 근무자는 셔틀버스 또는 택시를 이용한다. 카리타스에서는 한 달에 한 번 야외로 소풍을 가고 생일 파티를 여는 등 다양한 행사를 통해 정을 다진다.

카리타스 작업장을 통해 장애인이 비장애인과 융화되어 사회의 일원으로 살아갈 수 있도록 모든 기회를 제공하는 독일 장애인 정책의 현장을 볼 수 있었다. 무엇보다 체계적인 직업교육이 인상적이었다. 장애 유형에 따라 가능한 작업군을 분류해 관리하면서 2년 동안 국가가 책임지고 직업훈련을 한다. 직업교육과 작업장의 연계도 눈여겨볼 부분이다. 카리타스에서는 작업장 내 직업학교에서 교육을 마친 장애인에게 적성검사 결과에 따라 일터를 제공한다.

화장솜 공장에서 일하는 지적장애인이 다시 떠올랐다. 그에게도 직업훈련의 기회가 충분히 주어졌더라면, 한 분야를 선택해 기술을 갈고닦을 수 있었다면 지금은 훨씬 더 행복하게 일하고 있지 않을까?

이예경·최연희

카리타스 다하우 작업장(Caritas Werkstatt Dachau)
주소 Einsteinstraße 6, 85221 Dachau
전화 08131-32296-0
홈페이지 www.caritas-werkstatt-dachau.de
이메일 wfbm-dah@caritasmuenchen.de

카리타스의 역할

　카리타스(Caritas)는 그리스도의 계명인 하느님과 이웃에 대한 사랑을 의미하며 가난하고, 고통받고, 소외된 이들을 돕기 위한 가톨릭 교회의 사회복지를 담당하는 기구이다.

　재난분쟁지역에서 긴급구호 활동을 벌이는 것이 국제적십자위원회(International Committee of the Red Cross)의 역할이라면, 카리타스(Caritas)는 제3세계뿐 아니라 자국 내 사회적 약자를 돌보고 스스로 살아갈 수 있도록 일자리를 마련하는 복지사업에 집중하고 있다.

　카리타스는 1897년 독일에서 먼저 시작됐으며 이후 북미 대륙과 다른 유럽 국가로 퍼져 나가게 됐다. 두 차례의 혹심한 세계대전으로 많은 사람이 고통을 당하게 되자 후에 교황이 된 바오로 6세는 각국 간 흩어져 활동하고 있는 카리타스의 협의체 결성을 제안하게 된다.

　이에 13개국의 카리타스가 동참해 국제 카리타스(Caritas Internationals)가 탄생했다. 현재 162개국에 지부를 두고 있으며 각 지부는 각국의 가톨릭 주교회의 산하에 소속돼 있다.

　독일과 오스트리아 등 가톨릭을 믿는 국가에서는 교통사고와 화재사고 등으로 긴급구호가 필요한 경우 국가기관 대신 민간 단체인 카리타스에 당사자들이 가장 필요한 도움을 요청할 정도로 국민의 신뢰를 받으며 사회복지 분야에서 정부의 역할을 하고 있다.

돈을 벌어
더 어려운 장애인을 돕는다
미국 어빌리티 퍼스트

"일하는 게 재미있어요. 집에 일찍 가서 노는 것보다 계속 일할 수 있었으면 좋겠어요." 미국 패서디나시에 위치한 장애인 작업장 어빌리티 퍼스트(AbilityFirst). 우리말로 번역하면 '능력 우선!' 혹은 '능력 최고!'쯤 될까. 이곳에서 만난 17세 소년 루이스 존스(Louis Jones)는 지금 하는 일에 만족하냐는 질문에 이같이 흔쾌하게 대답했다. 일하는 기쁨이 온 얼굴에 묻어났다.

열정과 재미로 정성을 다하다

정신장애를 가진 존스는 2년 전부터 이곳에서 일하고 있다. 매일 오전 8시에 출근해 오후 3시까지 하루 7시간 일한다. 주 업무는 정밀 세단기로 문서를 자로 잰 듯 절단하는 것. 무척 단조로운 작업이지만 존스는 한눈 한번 팔지 않고 열심이다. 월급은 작업량에 따라 달라지는데 그가 받는 임금은 시간당 10~12달러(약 1만 1000원~1만 3000원)

▲ 서류 자르는 일을 하는 17세 소년 루이스 존스. 일하는 게 재미있다는 그에게서 일하는 사람의 자부심이 온 얼굴에 묻어났다.

다. 미국의 최저 임금인 시간당 8달러(약 8800원)에 비하면 적지 않은 금액이다. 이곳 작업장에서 일하는 작업 감독관의 시간당 임금이 10달 러이니 존스의 임금이 약간 더 높은 셈이다.

존스는 최근 취업에 필요한 근무 자세와 손님 응대 요령, 면접 때의 표정까지 꼼꼼하게 예절교육을 받은 뒤 LA 지역 대규모 공연장 스테이 플스 센터의 계약직 안전요원으로 채용됐다. 스테이플스 센터는 김연 아 선수의 아이스쇼와 마이클 잭슨(Michael Jackson)의 공연으로 유명 한 실내 종합 경기장이다. 존스는 작업장 업무가 끝나는 저녁 시간이나 주말 동안 이곳에서 대규모 공연이나 농구 경기가 열리게 되면 안전요원으로 활동할 계획이다.

가능성을 확장하다

종합복지시설 어빌리티 퍼스트는 1926년 LA 지역에 사는 지적장애어린이들의 자활을 목표로 국제로타리클럽이 설립했다. 이후 지적장애뿐 아니라 신체장애어린이, 그리고 성인 정신장애인으로까지 영역을 넓혀 이들의 직업재활을 돕고 있다. 지금은 3개의 장애인 작업장과 10개의 그룹홈, 7개의 쉼터, 1개의 캠프장 등 모두 24개의 기관을 운영하는 거대 자활 기관으로 성장했다.

어빌리티 퍼스트의 패서디나 본부를 찾은 것은 9월 말이었다. 핼러윈 데이를 앞둔 가을철이었지만 우리의 방문을 어떻게 알았는지 갑자기 뜨거운 인디언 서머가 몰아닥쳤다. 이날 낮 최고 기온은 섭씨 45도를 넘었다. 1877년에 미국 국립기상청이 관측을 시작한 이래 서부 지역에서 가장 높은 기온이라고 했다.

100년 만에 찾아온 살인적인 더위에 우리는 파김치가 됐다. 바늘로 콕콕 찌르듯 피부가 따갑고 머리에서 땀이 줄줄 흘러내렸다. 상당히 망가진 몰골로 단층 건물인 어빌리티 퍼스트 작업장에 들어서자 파란색 티셔츠를 입은 청소년들이 몰려나왔다. 이른 아침부터 자원봉사를 하러 온 고등학생들이 활동을 마치고 돌아가는 길이라고 했다. 최근에는 우리나라에서도 자원봉사가 중요한 활동으로 자리 잡았지만, 미국에서는 30여 년 전부터 자원봉사 활동을 교과 과정의 일부로 강조해 왔으므로 평일에도 고교생들이 인근 장애인시설을 찾아 장애인들과 함께 작업하는 모습을 볼 수 있다.

어빌리티 퍼스트의 패서디나 작업장에는 존슨 같은 지적장애인 65명과 작업 감독관 8명이 모두 6개 반으로 나눠 일하고 있다. 장애인의 지적 수준에 따라 작업 수준과 공정을 나누는데, 그중 일부는 사회화교육을 받는다. 작업장 구석에 마련된 교실에서 인근 대학의 교수가 사회화 능력이 떨어지는 장애인들을 상대로 숫자 셈하기, 단어 맞추기 수업을 하고 있다.

적성과 능력에 초점을 맞추다

가장 낮은 수준의 반에서는 패서디나 지역 우체국에서 맡긴 우편 비닐 봉투의 분리수거 작업이 한창이었다. 갑자기 등장한 방문객이 낯설기도 할 텐데 작업자들은 우리에게 미소로 인사를 대신한다. 몇 명은 자리에서 일어나 악수를 청하기도 했다. 비닐 봉투에 붙은 주소 종이 스티커를 제거하는 작업인데 스티커를 떼어 낸 봉투들은 재활용된다.

다른 작업반. 기업에서 대량으로 발송하는 우편봉투에 수신자의 이름과 주소가 인쇄된 스티커를 붙이고 있다. 손놀림이 빠르다. 옆 작업반에서는 출판사에서 인근 초등학교로 보내는 책을 분류하고, 하수도에 들어가는 부품을 조립한다. 일부는 기업에서 보내온 폐기 문서를 세단하는 작업을 한다. 일일이 지시하지 않아도 각자 자기 일감을 앞에 두고 분주하다.

"새로운 사람이 오면 무엇이 적성에 맞는지 조사한 뒤 행복하게 일할 수 있는 일거리를 맡깁니다." 작업장의 운영을 맡고 있는 피터 유(Peter Yoou) 씨의 말이다. 그래서일까, 지겹고 힘든 일을 하는 것이 아

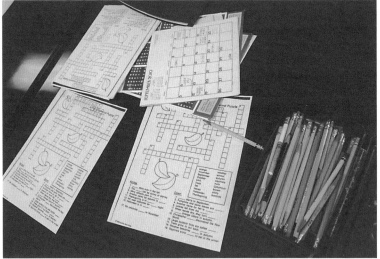

▲ 우편 비닐 봉투 분리수거 작업을 하는 모습. 이곳은 가장 수준이 낮은 반으로 비닐 봉투에 붙은 주소 스티커를 제거한다. 바쁜 와중에도 장애인들이 미소로 방문객을 맞아 주었다.
▲ 영어 단어를 익히기 위한 퍼즐. 사회화 능력이 떨어지는 장애인을 대상으로 인근 대학의 교수가 수업을 진행한다.

니라 무슨 놀이라도 하는 것처럼 일하는 사람들의 표정이 밝다.

자업장 수익으로 더 어려운 단체 지원

미국에 이민 온 선교사인 아버지 밑에서 자란 교민 2세 피터 씨는 아버지에 이어 대학에서 신학을 전공했다. 교회에서 일하는 것보다 사회적 약자인 장애인을 위해 일하는 것이 훨씬 가치 있다고 여겨 이곳에서 일한다고 했다. 처음에는 그룹홈에서 중증장애인의 기저귀를 갈아주고 목욕을 시켜 주는 데서 시작했고 지난해 이 작업장의 매니저로 승진해 살림살이를 책임지고 있다.

캘리포니아주 정부와 패서디나시는 지난해 이 작업장에 40만 달러(약 4억 4000만 원)를 보조금으로 지원했다. 이 보조금은 작업장의 일 년 예산 중 3분의 2에 해당하는 것으로, 나머지 20만 달러는 장애인들이 일해 벌어들인 수익으로 충당한다. 작업장에서 올린 수익금 20만 달러 중 4만 달러는 재정이 더 어려운 단체에 기부했다고 한다. 피터 씨는 "장애인들이 돈을 벌어 자기보다 더 어려운 다른 장애인을 돕는다는 것은 커다란 감동"이라고 강조했다. 내가 살기도 빠듯한데 소중한 자신의 것을 나누는 장애인들이 있다니 정말 말 그대로 '감동'이었다.

그에게 이 작업장의 의미를 물었다. "이곳은 장애인들의 삶의 터전이자 희망입니다. 미국에서는 장애인 문제를 가족과 장애인 당사자만의 문제가 아니라 사회와 지역주민이 함께 떠안고 갈 문제로 인식하고 있지요. 작업장은 장애인들이 사회로 나가는 중간 단계로 존재합니다."

어빌리티 퍼스트처럼 장애인 단체가 다른 작은 단체에 손을 내밀어 기꺼이 도와줄 수 있는 것은 미국 사회의 기부 문화가 어느 나라보다 활

◀ 작업장 책임자 피터 씨.
장애인이 적성에 맞는 일을
찾아 행복하게 일할 수
있도록 돕고 있다.

◀ 이송을 기다리고 있는
완성품들(상), 완성된
제품을 이송하는 트럭(하).
이렇게 판매로 벌어들인
수익금 중 20%는 더
어려운 단체에 기부한다.

성화되어 있기 때문이다. 한 예로 장애인 자활 문제에 관심 있는 LA 지역 시민이나 장애인을 가족으로 둔 사람들이 현금이나 주식, 채권 혹은 신탁의 형태로 지난해 이 단체에 기부한 금액만 해도 700만 달러(약 76억 원)가 넘는다고 한다. 이는 어빌리티 퍼스트의 지난해 전체 예산 가운데 27%에 해당하는 큰 금액이다.

장애는 사회와 지역주민이 함께 떠안는 문제

주 정부와 시 정부에서는 장애인 단체를 직접 지원할 뿐 아니라 이들 단체에 기부하는 개인과 기업의 기부금에도 세금 감면 등 여러 가지 세제 혜택을 제공해 기부가 늘도록 독려하고 있다.

마이크로소프트사의 창설자 빌 게이츠(Bill Gates) 부부와 유명 투자자인 워런 버핏(Warren Buffett)이 미국 부자들에게 동참을 호소하며 '기부 선언(The Giving Pledge)'이라는 캠페인을 벌이고 있는 것도 눈여겨볼 대목이다. 록펠러가의 데이비드 록펠러(David Rockefeller)와 블룸버그 통신 창설자인 마이클 블룸버그(Michael Bloomberg), CNN 창업자 테드 터너(Ted Turner) 등 내로라하는 미국 부자들이 동참하면서 기부 약정 금액이 6000억 달러(약 660조 원)에 달했다. 전년도 미국 전 국민이 기부한 금액의 두 배에 해당한다고 한다. 미국 사회에 뿌리를 굳게 내린 기부 문화가 부자들의 기부 행렬로 이어진 것이다.

피땀 흘려 모은 재산을 사회적 약자들의 건강과 행복을 위해 쓰는 것이 무엇보다 바람직하고 의미 있는 일이라는 사회적 분위기가 어빌리티 퍼스트 같은 장애인 단체에 큰 힘이 되고 있다. 뜻이 있는 곳에 길이 있듯이, 장애인이 있는 곳에 일자리가 있다면 얼마나 행복할까? 미국 장애인 자활과 복지의 저력을 실감하면서 100년 만의 폭염 속으로 다시 몸을 내맡겼다.

백경학

어빌리티 퍼스트(AbilityFirst)
주소 1300 E. Geren Street, Pasadena, CA 91106
전화 626-396-1010
홈페이지 www.abilityfirst.org
이메일 info@abilityfirst.org

미국의 장애인 고용 및 우선구매 관련 법

❖

미국 정부는 장애인 제품 우선구매를 제도화하는 '와그너 오데이법'을 1938년 제정한 이후 장애인법 제정(1990)과 오바마 정부의 행정명령 13548(2013) 등으로 장애인의 일자리 지원, 기술 지원, 차별금지, 장애인 생산품 우선구매에 이르기까지 장애인 삶을 지원하기 위한 법적인 장치를 마련해 왔다.

장애인 생산품의 우선구매를 규정한 와그너 오데이법에 따라 2013년 현재 미국 전역의 690개 중증장애인 작업장에서 4만 7701명의 장애인들이 근무하고 있다. 이들이 받는 임금은 미 노동부가 규정한 최저임금 7.25달러보다 높은 12.09달러. 미 연방 정부가 장애인 생산제품의 구매금액만 해도 28억 3250만 달러(2017년 3월 21일 1달러당 1117원의 환율을 적용하면 우리 돈으로 31조 6390억 원)으로 2016년 27조 5038억 원에 이르는 서울시 예산보다 많다.

이는 미국 우선구매위원회가 정한 품목을 연방 정부 차원에서 구매하는 것으로 해당 기관을 살펴보면 육군 19.88%, 국방부 군수국 14.64%, 해군 12.29%, 공군 8.79%, 조달청 공공시설국 7.89% 순으로 나타났다. 미 국방부에서 전체 제품의 60% 이상을 구매하고 있다. 여기에 부가가치와 서비스 판매액까지 더할 경우 1조 9000억 달러(약 2122소 원으로 우리나라 2016년 예산은 386조 7000억 원에 5배에 이르는 금액이다)에 이른다.

미국 정부는 1990년 장애인법(American with Disabilities Act)을 제정해 고용상 장애인 차별금지와 공공서비스 제공, 공공편의시설에 있어 장애인 차별을 금지하고 전기통신의 이용권 보장을 명문화했다. 이어 1998년에는 장애인 청년의 직업훈련과 취업기술 교육, 구직정보 제공, 일자리 지원을 내용으로 하는 노동력 투자법(WIA)을 제정했으며, 2013년에는 연방 정부 내 근로자의 13%를 장애인으로 고용하는 내용의 행정명령 13548을 발효해 장애인 일자리 보장을 장려하고 있다.

　　이런 움직임에 힘입어 장애인 및 노인, 참전용사 등에게 직업교육과 취업서비스를 제공하고 있는 굿윌(Goodwill industries International inc)의 경우, 미국과 캐나다에 165개 지부 3000개의 매장을 운영하면서 31만 명을 고용해 2014년 59억 3700만 달러(6조 6316억 원)의 매출을 올렸다. 굿윌은 수익금의 83%를 장애인과 취약계층의 교육 및 고용 프로그램에 투자하고 있으며, 이를 위해 미국 정부에서는 1억 400만 달러(1161억 6800만 원)의 정부 지원금과 3억 9300만 달러(4389억 8100만 원)의 정부 후원금을 굿윌에 지원하고 있다.

매일 파티하듯
장애인을 돕는 곳
일본 장애인 지원단체 파디파디

어디에서 살지, 누구와 함께 무엇을 할지를 결정하는 것은 당연히 나여야 한다. 하지만 중증장애인에게는 이 당연한 일들이 쉽지 않다. '어떻게 하면 중증장애인의 삶이 온전히 자신의 것이 될 수 있을까?'라는 원초적인 질문을 마음에 품고 일본 오사카시의 비영리단체 파티파티를 찾았다.

파티하는 기분으로 즐겁게 일하는 곳, 파티파티

파티파티는 장애인이 지역사회 안에서 스스로 삶을 결정하고 생활할 수 있도록 지원하는 단체다. 설립자 가케구보 씨가 '매일 파티를 하는 기분으로 장애인을 위해 일하자'는 의미로 이름을 짓고 1996년 10월에 문을 열었다. 만 2세부터 80세까지, 100여 명의 장애인들이 이곳의 지원을 받는다. 가족이 경제활동을 하는 낮 시간 동안 보호하는 데이서비스, 장애아동 방과 후 교실, 상담 등 다양한 서비스가 장애인의 상황에 맞게 제공된다.

이곳에서 일하는 야스모토 씨는 "장애인이 스스로 살아갈 수 있도록 지원하는 것이 가장 중요한 역할"이라며 파티파티를 소개했다. 장애인의 삶을 지지하는 일을 한다는 사명감 때문일까, 파티파티는 이름 그대로 활기가 넘쳤다. 사무실에서 일하는 직원은 6명 남짓. 하지만 중증장애인의 일상생활을 돕는 활동보조인은 120명에 달한다. 많은 사람들이 한 방향으로 일하기 위해서는 '장애인을 위한다'는 같은 뜻을 마음에 품는 것이 중요하다.

장애인의 자립을 돕는 사람들, 활동보조인

파티파티의 가장 중요한 역할은 이 건물 밖에서 이루어진다. 바로 장애인의 일상생활을 돕는 활동보조인을 파견하는 일이다. 활동보조인 파견을 담당하고 있는 야스모토 씨는 "장애인의 삶과 생활을 스스로 선택할 수 있도록 최대한의 지원을 하고 있다."고 말했다. 야스모토 씨가 말하는 '최대한'은 쉽게 와닿지 않았다. 우리나라의 장애인에게도 제공되는 활동보조인서비스는 어느 누구에게도 '충분하다.' 말하기 어려운 수준이기 때문이었다.

이후 들은 설명은 충격적이기까지 했다. '장애인이 활동보조인서비스를 이용할 수 있는 최대 시간은 일일 최대 24시간, 한 달 1200시간, 이용료 최대 3만 엔.'이라는 것. 누군가의 도움을 받지 않으면 씻거나 자거나 먹는 기본적인 활동조차 어려운 중증장애인에게 '24시간'을 도움받는 것은 어쩌면 당연한 일인지도 모르겠다.

하지만 우리나라의 경우 하루 최대 13시간 활동보조를 받을 수 있

▲ 파티파티 사무실 전경

◀ 일본의 좁은 골목까지
  구석구석 찾아가
  중증장애인의
  이동을 도울 수 있는
  파티파티의 이동 지원
  차량
◀ 파티파티 건물 1층.
  요리, 생일파티 등
  다양한 일을 이곳에서
  하면서 장애인과
  비장애인이 서로
  교류할 수 있다.

다. 결국 기본적인 것들 중에서도 우선순위를 가려 선택할 수밖에 없다. 일본에서는 이런 무리한(?) 선택을 하게 두지 않았다. 게다가 한 달에 1200시간이라니. 하루 40시간을 활동보조인의 도움을 받을 수 있다는 계산인데, 순간 당황할 수밖에 없었다. "최중증 장애인의 경우 활동보조인 한 사람으로는 충분하지 않기 때문"이라는 설명을 듣고는 크게 고개를 끄덕일 수밖에 없었다.

내 삶과 생활을 스스로 선택할 수 있도록

활동보조인의 도움을 받는 비용은 정부에서 부담한다. 장애인은 소득수준에 따라 실비의 10%, 최대 3만 엔을 낸다. 서비스를 이용하는 대부분의 사람들은 월 4~5천 엔 정도 낸다. 이런 비용으로 이렇게 충분한 지원을 받도록 제도를 마련한 데에는 '장애인을 위한 복지는 형식에 맞추어 베푸는 것이 아니다'라는 가치가 숨어 있다. 서비스를 제공하는 입장에서 장애인복지를 '베푸는' 것이 아니라 '당연한 권리에 맞는 것을 주는' 것이라는 생각을 가져야만 가능한 일이다. 또한 조금 복잡하고 번거롭더라도 장애인이 필요로 하는 것을 우선으로 하는 자세로 서비스를 해야만 가능하다.

지금껏 당연하게 '장애인의 사회참여와 평등'에 대해 이야기해 왔지만, 말만 앞서지 않았나 하는 반성이 들었다. 우리나라의 장애인은 장애 정도로 급수를 나누고, 거기서 또 활동지원등급을 나누어, 추가 급여 조건에 따라 다르게 활동보조인을 쓸 수 있다. 애초에 '효율'이라는 명목으로 '최소한'을 주려고 했던 것은 아닌가 하는 의문이 들었다.

사실 파티파티에서 들은 "장애인도 자기가 살고 싶은 곳에서"라거

나 "시설이 아니라 우리 동네에서, 비장애인과 다르지 않게"라는 말은 우리나라에서 외치는 구호와 크게 다를 게 없다. 차이는 단 하나, '정말 그렇게 하고 있느냐'다. 제도적인 문제도 물론 있을 것이다. 하지만 그런 핑계를 대기 전에 내가 어떤 자세로 일하고 있었는지 다시 한 번 생각하게 됐다.

국내 유일의 어린이재활병원에 대한 부족한 사회적인 지원에 안타까울 때가 많다. 하지만 우리가 어떤 마음으로 '장애인의 자립'을 바라봐야 할지 파티파티를 통해 조금은 알 수 있게 된 것 같다.

고재춘

NPO 법인 일상생활 지원 네트워크 파티파티
(NPO法人 日常生活支援ネットワーク パーティ・パーティ)
주소 大阪市浪速区敷津東3-6-10
전화 06-6649-0455
홈페이지 party2.net

재활치료에 대한
가케구보 씨의 조언

❖

첫 번째로, 재활은 굉장히 광범위하고, 교과서적이지 않다. 어린이는 특히 성장환경, 향후의 발전가능성, 개인의 특성 등이 각각 다르고 성인 재활과도 너무 다르다. 따라서 어린이 재활은 치료, 교육, 환경 등 전반적인 것들이 어린이의 특성에 맞게 종합적이고 복합적으로 고려하고 제공되어야 한다. 한국의 어린이재활병원에서도 그런 복합적인 재활 계획이 이뤄질 수 있도록 고려했으면 한다.

두 번째로, 어린이 재활치료는 지역사회와 함께해야 한다. 일본에서도 얼마 전까지는 전문적인 기관을 만들고 거기에 장애인을 맡기는 것이 좋은 방법이라고 생각했다. 하지만 그렇게 할 경우 시설의 제한이 있고 이용할 수 있는 이용자가 한정적이며 장애인 개별의 욕구에 맞춰진 재활이 이뤄질 수 없다. 특히 장애인이 살고 싶어 하는 곳에 돌아왔을 때 사회적인 재활을 해야 한다.

따라서 어린이 재활은 장애어린이를 지역사회와 분리시켜서 치료와 교육을 하기보다는, 장애어린이가 그 지역에 있는 일반 학교를 다니면서 지역사회와 어울릴 수 있는 장을 마련해 주는 치료라고 볼 수 있다. 치료가 병원에서만 이뤄진다는 생각은 버려야 하며, 학교, 유치원, 집 등 비장애인이 생활하는 곳곳에서 치료와 재활이 이뤄져야 한다. 장애어린이의 경우 비장애어린이와 함께 생활하면서 성장하는 것이 많은 부분을 변화시켜 나갈 수 있다고 생각한다. 비장애인들은 학교를 졸업하거나 성인이 되면 혼자 살게 되는데 장애인들은 독립이 많이 늦는다. 장애인의 독립적인 생활이 이뤄질 수 있도록 어린이 때부터 재활치료에 쉽게 접근할 수 있게 했으면 좋겠다. 한국의 어린이재활병원은 장애어린이와 비장애어린이가 함께 할 수 있는 공간으로 만들었으면 좋겠다.

마지막으로 장애어린이만 생각하는 것이 아니라 가족, 특히 부모가 함께하고 쉴 수 있는 프로그램을 지속적으로 제공할 수 있는 병원을 만들었으면 좋겠다. 어린이 재활의 가장 중요한 부분은 부모들이다. 부모가 재활치료를 포기할 경우 어린이 재활 또한 상당히 늦춰지거나 방치된다. 그 과정 속에 부모가 받는 스트레스는 말로 표현할 수 없을 정도라고 생각한다. 어린이 재활뿐만 아니라 부모 스트레스와 가족 스트레스를 함께 치료할 수 있는 공간 또는 서비스가 같이 제공될 수 있었으면 좋겠다.

스스로
살아갈 힘을 키우다
미국 아크 프레즈노

장애인 부모들이 설립한 발달장애인 자립 지원시설

대부분의 사람들은 일반적으로 유아기, 아동기, 청소년기, 성인기를 거쳐 사회구성원으로 활동하게 된다. 발달장애인들은 어떨까. 학령기를 마치고 성인이 된 장애인들이 현실적으로 직업을 갖고 사회생활을 하기란 녹록지 않다.

미국 캘리포니아주 샌프란시스코와 로스앤젤레스 중간에 위치한 프레즈노(Fresno)에서 성인 발달장애인의 자립 생활을 지원하고 있는 아크 프레즈노(Arc Fresno)를 방문했다. 이름부터가 지역의 대표성을 갖고 있으면서도 남다른 느낌이었다. 아크 프레즈노는 발달장애인이 스스로 살아가는 데 필요한 여가와 자립을 돕기 위한 시설이다. 1953년 장애인 부모들에 의해 세워진 이후 60년이 넘는 역사를 가지고 있다.

이곳의 사명은 '발달장애인에게 지역사회에서 일상생활의 경험을 제공함으로써 독립을 달성하게 하는 것'이라고 한다. 아크 프레즈

◀ 성인 발달장애인의 자립 생활을 지원하는
아크 프레즈노

노는 중증장애인들의 자립과 여가활동을 지원하는 로웬센터(Loewen Achievement Center), 장애인들의 일자리 참여를 위한 보호작업장 형태의 프로덕션 센터(Fresno Production Center), 그리고 독립적으로 사는 방법을 배울 수 있는 기간제 그룹홈인 디스커버리 하우스(Discovery House)를 운영하고 있다.

이용자 수준과 흥미에 맞춘 프로그램 운영

먼저 휠체어를 탄 채 쉽게 출입할 수 있는 로웬센터에 들어섰다. 이곳을 잘 상징하는 그림들이 벽에 걸려 있고, 쾌적한 복도가 방문자를 기분 좋게 한다.

휠체어 이용자가 벽에 부딪혀 부상당하지 않도록 아랫부분을 푹신한 재질로 설계한 것도 배려 깊다. 한국에서는 복도에서 이동하기 쉽도록 손잡이 안전 바를 많이 설치한다고 설명하니 사브리나 프라이스(Sabrina Price) 케이스 매니저는 "안전손잡이가 필요하면 설치할 수 있지만, 휠체어로 이동하는 길의 폭이 오히려 좁아지기 때문에 설치하지

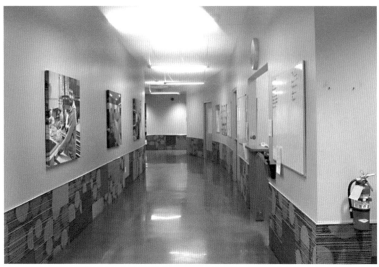

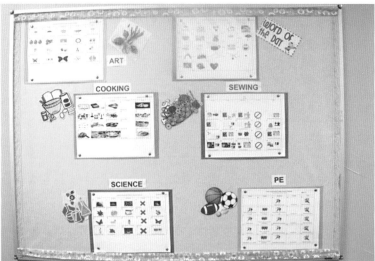

▲ 중증장애인이 이용에 불편함이 없도록 설계한 로웬센터 내부
▲ 중증장애인들도 이해하기 쉽도록 만들어 놓은 시간표

않았다."고 친절하게 궁금증을 풀어 줬다.

상대적으로 자립 생활이 어려운 중증장애인을 위한 로웬센터는 월요일부터 금요일까지 오전 9시부터 오후 3시까지 운영된다. 이용자의 수준과 흥미에 맞춘 10개 프로그램을 운영하며 세부 프로그램별 시간표가 짜인다. 액션스쿨(action school)에서는 요리, 아트, 뜨개질 등 이용자가 좋아하는 8가지의 서클활동을 진행한다.

학교처럼 시간에 맞춰 수업을 받고 있는 장애인들의 모습이 눈에 들어왔다. 개별 지원이 필요한 중증장애인도 그룹 활동을 할 수 있도록 일대일로 지원을 하고 있었다. 중증장애인들이 그룹 활동에 참여하기 힘든 한국과는 달리, 지원이 필요한 경우 직원이 함께 한 공간에서 수업을 같이 받는다고 한다. 또한 이용자들의 응급상황에 신속히 대처하기 위해 전 직원이 응급처치 자격증을 갖고 있다고 한다. 중증장애인을 개별 지원할 뿐만 아니라 직원의 역량을 강화하는 등 주어진 환경을 바꾸는 모습이 인상적이었다.

직원 55명과 이용자 130여 명이 함께 지내는 이곳에는 중증장애인의 비율이 높으나 식사, 활동, 출퇴근 등 개인 서비스를 위해 다방면으로 도움을 주는 지역주민이 150명에 달한다.

장애인도 경제활동으로 당당한 사회구성원 역할

로웬센터 견학을 마치고, 장애인들이 경제활동에 참여해 당당하게 사회구성원으로서의 자부심을 느끼도록 돕는 프로덕션 센터를 방문했다. 생각보다 넓은 공간의 작업장은 근무자들의 스트레스를 최소화할 수 있게 구성됐다. 훈련과 생산을 동시에 실시할 수 있는 프로덕션 센

터의 근무자는 작업 활동에 기여한 만큼 급여를 받는다.

생산에 참여한 만큼 대가를 받기에 2주 동안 1~2달러를 버는 사람이 있는가 하면 1시간당 10.5달러(2017년 기준 캘리포니아 최저임금) 이상을 받는 사람도 있다고 한다. 생산량에 대한 공정성을 유지하기 위하여 매시간 케이스 매니저가 근무자들의 생산성을 확인한다.

프로덕션 센터에서는 다양한 제품을 납품받아 작업한다. 볼트와 너트 포장 작업, 유리창 스펀지 부착 작업, 옷걸이 불량품 확인 작업, 문서 파쇄 작업 등이다. 문서 파쇄 작업이 가장 강도 높은 노동으로 은행과 기업들의 중요 문서를 다루기 때문에 철저한 보안감독이 이루어진다고 한다. 6명이서 하고 있지만 임금 수준은 센터 내에서 가장 높아서 전체 수익의 50% 이상을 차지한다.

계산이 어려운 장애인들은 샘플 그림판을 만들어 부품을 판 위에 올려놓고 포장할 수 있도록 보조도구를 활용하고 있었다. 고무공 생산 작업 시 크기와 색깔 구별이 어려운 장애인들을 위해 일정량의 바람이 투입되면 공기 펌프 기계를 자동 중단시키는 보조도구도 설치되어 있

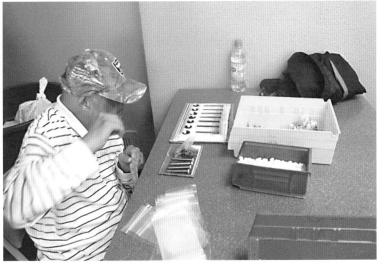

▲ 프로덕션 센터에서 밝게 웃으며 일하는 장애인
▲ 샘플 그림판에 부품을 올려놓고 개수를 확인하는 장애인

었다. 장애인들은 능력이 부족해서 일을 할 수 없는 게 아니고, 환경을 조금 바꾸면 할 수 있는 일이 계속해서 만들어진다는 것을 느꼈다.

SSI(사회보장서비스)지원 덕분에 프로그램 이용비는 발생하지 않고 월급도 근로자들의 용돈으로 사용된다니 열심히 근무하면 그에 따른 보상이 달콤한 것은 미국도 한국과 마찬가지인 듯하다.

장애인 근로자 이성문제가 가장 난제

안정적으로 운영돼 보이는 이곳에선 어떤 어려움이 있는지 물었다. 프로그램 매니저 브라이언 트루키(Brian Trukki) 씨는 솔직하게 대답했다. 장애인 근로자 사이의 이성문제가 가장 해결하기 어렵다고 한다. 이와 함께 외부업체로 고용이 된 후 적응하지 못하고 되돌아오는 것도 고민거리라고 한다. 브라이언 씨는 "외부에서는 적응이 힘들고 근무 강도가 높아 결국 견디지 못하고 비교적 보호된 환경인 프로덕션 센터로 돌아오고 싶어 하는 경우가 있다."고 말했다.

기관 방문 시 동행한 로버트 밥 핸드(Robert Bob Hand) 씨는 "일반 일터에서 장애인이 겪는 어려움은 작업능력보다는 장애인에 대한 편견이나 원만하지 못한 대인관계에 있다."고 덧붙였다.

캘리포니아주에서는 2019년 3월부터 장애인 근로자에게도 최저임금 이상의 시급을 주도록 하는 법안이 시행될 예정이다. 브라이언 매니저는 "남은 기간 동안 장애인의 생산력을 최저임금 수준으로 올리는 것이 매우 어려운 일이자 가장 큰 걱정거리"라고 말했다.

한국도 머지않아 장애인 작업장(직업재활시설)이 일정 비율 이상 최저임금을 지급해야 하는 실정이라서 브라이언 매니저의 고민에 공감된다. 한국과 미국이 장애인 최저임금제도 시행을 앞두고 어떤 방법으로 장애인들의 사회참여를 독려하고 비장애인들과 근로 과정에서의 통합을 모색할지 관심을 갖고 지켜봐야겠다.

최한성

아크 프레즈노(Arc Fresno)
주소 로웬센터(Loewen Achievement Center) 4490 E. Ashlan Ave. Fresno, CA. 93726
프로덕션 센터(Production Center) 5755 E. Fountain Way. Fresno, CA. 93727
전화 로웬센터(Loewen Achievement Center) 559-547-2633
프로덕션 센터(Production Center) 559-291-0612
홈페이지 www.arcfresno.org
이메일 arcfresno@arcfresno.org

모든 빵을
110엔에 파는 빵집
일본 클라라 베이커리

일본 고베시의 한적한 주택가에 있는 작은 빵집 클라라 베이커리(〈ららべ-かリ-〉)를 보고 '이렇게 해서 과연 장사가 될까?'하는 의문이 가장 먼저 떠올랐다. 우선 위치가 문제다. 큰길에 접해 있는 것도 아니고, 상가 건물에 들어선 것도 아니다. 주택가 골목길로 접어들어야만 작은 간판이 보이고 거기서도 한 번 더 꺾어 들어가야 한다. 입지조건이 좋지 않아 동네 사람이 아닌 일반 손님은 기대하기 힘들 것처럼 보였다.

게다가 일하는 사람은 경영자를 빼고는 모두가 중증장애인이다. 몸을 움직이기도 힘들고, 의사소통도 쉽지 않은 이들이 빵을 직접 만들고 판매한다. 그러다 보니 빵의 종류가 다양하지 않고, 특별히 먹음직스럽게 보이지도 않는다. 손님이 서너 명만 몰려도 서로 팔꿈치를 부딪힐 만큼 매장도 좁아서 어찌 보면 초라한 느낌까지 들 수 있지만, 일하는 사람들의 환한 미소가 이런 인상을 단번에 씻어낸다.

중증장애인들이 만든 클라라 베이커리의 빵은 모양과 크기가 들쭉

날쭉하다. 인기 캐릭터 '호빵맨'의 얼굴 모양을 한 호빵맨 빵의 모양도 삐뚤삐뚤 제각각이다. 클라라 베이커리의 주 거래처는 근처에 있는 어린이집인데, 다행히 아이들은 "이렇게 생긴 호빵맨도 재미있다."는 반응을 보인다고 한다.

110엔 균일가 빵집

이시쿠라 다이조(石倉泰三) 대표의 이름에서 '쿠라'를 따고 여기에 복수형 '라'를 더해 '함께 더불어 지켜나간다'는 뜻을 가진 클라라 베이커리는 소규모의 장애인 작업장이다. 일본의 자립지원법에 따라 '이용자'(일정액을 내고 시설을 이용하는 사람이란 뜻. 작업장에서 일하는 사람은 급여에서 이용료를 낸다)로 불리는 장애인 다섯 명이 이곳에서 근무하고 있다. 신체장애인 두 명, 지적장애인 두 명 그리고 중복장애인 한 명이 함께 일한다.

작업장을 운영하는 이시쿠라 대표를 포함해 빵을 만드는 사람은 세 사람이다. 매장에 빵을 진열하고 판매하는 일, 전화로 판촉활동을 하는 일, 손님이 고른 빵을 계산하는 일은 나머지 세 사람이 맡고 있다. 이 가운데 계산 담당인 고니시 도루 씨는 신체장애와 지적장애를 동시에 갖고 있는 중복장애인인데 그를 위해 클라라 베이커리에서 판매되는 모든 빵의 가격은 110엔(1050원)으로 매겨져 있다. 고니시 씨가 계산하기 쉽도록 배려한 것이다. '균일가 110엔'은 일에 사람을 맞추는 것이 아니라 사람에 일을 맞추는 소규모 장애인 작업장의 인간적인 단면을 보여 준다는 생각이 들었다.

클라라 베이커리의 이시쿠라 대표는 이를 두고 "작업이라는 것은

◀ 골목 안의 클라라 베이커리
안내판

◀ 클라라 베이커리의 빵 진열대.
한쪽 벽면에 진열된 빵이
전부로 아담한 규모다.

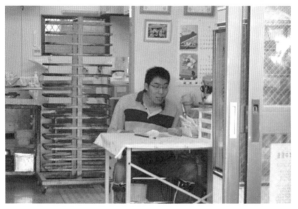

◀ 계산을 맡고 있는 고니시 씨가
계산하기 편하도록 빵 값은
110엔 균일가다.

영어로 하면 work인데, 장애인 작업장에서는 work를 생산 활동이라고만 파악하면 안 된다. 걸어 다니는 것이나 먹는 것은 물론 사람에 따라선 숨 쉬는 것도 work인 경우가 있다."고 강조했다

이 말은 클라라 베이커리의 철학을 그대로 보여 준다. 중증장애인 5명이 일하는 이 빵집에서 일을 나누고 작업을 하는 방식은 생산 활동이라기보다는 함께 살아가는 활동에 가깝다. 저마다 할 수 있는 몫이 있고 그 몫의 크고 작음을 따지지 않는다. 숨 쉬고 잠자는 것도 '일'이 될 수 있다는 생각은 사람과 일의 관계를 완전히 새로운 관점에서 본다는 뜻이 아닐까?

돈을 못 갚지만 활동으로 갚겠다

클라라 베이커리에 도착한 것은 마침 점심시간이었다. 그룹홈에서 함께 식사를 할 수 있지 않을까 기대했는데 마침 그날은 일주일에 한 번 있는 도시락을 시켜 먹는 날이었다. 식탁에 모두 앉을 수가 없어 카펫이 깔린 바닥에 앉아 도시락을 먹었다. 식사를 마친 후 앉은 자리에서 자연스럽게 이시쿠라 씨와 인터뷰를 시작했다.

클라라 베이커리가 처음 문을 연 것은 1995년 4월이다. 개장을 한 바로 이듬해 고베 대지진이 일어났다. 빵집은 먼지가 되어 날아가 버렸고 함께 일하던 이들의 생사 확인도 안 됐다. 폐허가 된 빵집에서 실의에 빠져 있던 이시쿠라 대표를 일으켜 세운 것은 빵집에서 함께 일하던 장애인이라고 한다. '장애인 당사자가 일을 하자는데 내가 이렇게 주저앉아 있어서는 안 된다'고 생각한 이시쿠라 대표는 되는 대로 빵을 만들어 지진으로 피해를 입은 사람들에게 나눠 주며 새로운 클라라 베이

▲ 웃는 얼굴이 인상적인 이시쿠라
  대표는 온몸에 활기가 넘친다.

▲ 이시쿠라 대표와 이 두 사람이 빵 만들기 담당이다.

커리를 세우게 됐다고 한다.

　지진 의연금과 모금운동, 대출로 빵집을 다시 세울 자금이 어느 정
도 마련됐을 때 이시쿠라 대표는 또 다른 벽에 부딪쳤다. 인근 주민들
이 반대하고 나선 것이다. 주민들은 장애인이 불을 제대로 다루지 못해
화재가 날 수 있다고 걱정했고, 다소 경사진 지역인데 휠체어가 다니다
사고가 일어날 가능성이 있다는 문제도 제기했다. 심지어 빵 냄새가 싫
다는 사람도 있었다고 한다. 주민설명회를 열어 이해를 구했지만 반대
는 수그러들지 않았다. 이시쿠라 대표는 "그런 것들은 모두 표면적인
이유"라며 "실제론 주택가에 장애인시설이 들어오면 집값이 떨어진다
고 걱정하는 것인데, 그런 것들이 장애인에게 얼마나 상처가 되는지 그
사람들은 모른다."고 말했다. 그는 결국 빵집을 닫을 수밖에 없었고 장
소를 옮겨 현재 있는 빵집 인근 주민의 동의를 얻어 새롭게 클라라 베
이커리를 열었다.

평범한 샐러리맨이었던 이시쿠라 대표가 클라라 베이커리를 만들어 장애인운동, 지역운동에 뛰어든 이유는 무엇일까? 이시쿠라 대표의 딸이 장애를 가지고 태어나면서부터다 장애인운동에 눈을 뜬 그는 장애를 갖고 있는 딸에게 세상 속에 살아가는 자리를 마련해 주고 싶었고, 장애인 작업장과 그룹홈을 운영하는 활동가가 되었다.

홀로 서고, 함께 어울리고

소규모 장애인 작업장인 클라라 베이커리는 정부의 지원금을 받고 있지만 이용자 5명과 작업관리원 1명의 인건비, 광열비 등으로 모두 나간다고 한다. 동사무소와 어린이집 등 정기적인 납품처를 확보하고 있고, 오후에는 장애인 직원이 전화를 걸어 팔리지 않고 남은 빵을 판매하는 등 적극적인 마케팅 활동까지 벌인다. 하지만 클라라 베이커리는 여전히 적자다.

클라라 베이커리를 만들 때도 개인적인 후원금에 많이 의지했고, 지금도 이시쿠라 대표가 지인들을 통해 어려울 때면 그때그때 도움을 받는다. 그는 "돈으로 갚지는 못하지만 활동을 통해 되돌려 드리겠다." 고 말했다.

이처럼 클라라 베이커리의 가장 큰 과제인 '자립'은 아직 이뤄지지 못한 상태다. 그러나 구성원 개개인의 자립 면에서는 조금씩 성과가 나타나고 있다. 전동 휠체어를 쓰는 중증장애인 야마무라 쇼지 씨는 4년 전 집에서 독립해 활동보조인의 서비스를 받아 가며 자립 생활을 이어가고 있다.

'지역 속에서 함께 어울려 살아가는 것'도 클라라 베이커리에서 강

▲ 기념사진을 찍으며 환하게 웃고 있는 클라라 베이커리 전체 직원들

조하는 원칙 중 하나다. 그래서 클라라 베이커리 직원들은 근처의 학교
에 자주 출장요리를 나간다. 어린이들이 클라라 베이커리의 장애인들
과 어울려 웃고 떠들며 빵을 만드는 과정을 통해 서로를 이해하는 계기
를 마련하기 위해서다.

전동 휠체어를 탄 야마무라 씨를 처음 만났을 때 어린이들은 그를
가리켜 '휠체어 탄 사람'이라고 불렀다. 만남이 거듭되자 자연스럽게
여자 어린이들이 '야마무라 오빠'라고 불렀다. 야마무라 씨를 찾아와
짝사랑 상담을 하는 아이도 있었다고 한다. 이시쿠라 대표는 이러한 변
화를 무척 중요하게 생각한다. 그는 "우리가 대단한 활동을 하고 있는
건 아니지만, 작은 배움터가 되고 있는 것이라는 생각이 들어 기쁘다."
고 말했다.

최근에 클라라 베이커리에는 '경사'가 있었다. 함께 일하던 장애인 중 한 사람이 대학을 졸업하고 기업에 취직했다는 것이다. 가족 이상으로 가까웠기에 이별의 아쉬움보다는 당당하게 취업한 그를 보내는 기쁨이 컸다고 한다. 그런데 가장 숙련된 사람이 빠져나갔기 때문에 클라라 베이커리에는 일시에 큰 공백이 생겼다. 변화를 두려워하는 장애인들이라 과연 제대로 돌아갈까 하는 걱정이 앞서는 상황이었다. 그러나 클라라 베이커리의 식구들은 이시쿠라 대표에게 즐거운 놀라움을 안겨 줬다. 일을 할 때도 정해진 영역에 집착하는 지적장애인들이 스스로 나서서 일을 챙기기 시작했다.

이시쿠라 대표는 "10년이 넘도록 함께 일하다 보니 이제는 빵이 팔리지 않고 남으면 (지적장애인도) 그런 상황을 걱정한다."며 밝게 웃었다. 어울려 일하고 더불어 걱정을 나누는 기쁨이 그의 웃음에 묻어 있었다.

전미영

클라라 베이커리(くららべーかりー)
주소 653-0011, 神戸市長田区三番町2-2-6
전화/팩스 078-578-1929
홈페이지 kurara-b.com
이메일 kuraratora@par.odn.ne.jp

아이디어 작품 공작소
스위스 취리히 RGZ 장애인 작업장

알프스 만년설과 호수의 나라, 깨끗하고 아름다운 국가 스위스. 서울의 한강과 같은 리마트(Limmat)강 변에 위치한 취리히에는 RGZ(Reasonal Group Zürich) 장애인 작업장이 있다. 겉모습은 창고형 공장처럼 보이지만 안은 전혀 다르다. 실내 벽면에는 장애인들이 만든 양초, 쿠션, 장식품, 인형 등이 아기자기하게 걸려 있다.

RGZ 장애인 작업장은 RGZ 재단에서 맡아 운영한다. RGZ 재단은 스위스 장애인의 재활치료와 자활을 돕는 비영리단체다. 빌리 타일라커(Willy Theilacker) 재단 이사장이 장애인 전용 작업장을 만들기 위해 스위스 장애인 부모회의 도움을 받아 이곳에 RGZ 작업장을 세웠다고 한다.

작업장의 책임자인 마르코 브리트(Marco Britt) 씨는 항상 바쁘다. 그는 "손에서 핸드폰을 놓지 못한다. 주문한 고객이 언제 전화를 할지 모르고, 어디서나 주문을 직접 받아야 하기 때문이다."라고 말했다.

▲ RGZ 장애인 작업장 전경. 겉보기는 투박하지만 내부는 아기자기하게 꾸며져 있다.

▲ 마르코 작업장 책임자

10년 전만 하더라도 이곳 재정은 그야말로 탄탄했다. 하지만 최근 스위스 정부로부터 받는 지원금이 줄면서 자구책으로 장애인들이 만든 제품을 판매하기 시작했다고 한다.

아이디어와 상상력으로 만든 작품

이곳에서 일하는 사람은 대부분 지적장애인이다. '창조 파트'로 불리는 작업장 1층에 들어서자 찰흙, 형형색색의 물감들이 여기저기 널려 있다. 장애인들은 필요한 물품을 찾아 분주하게 움직이거나 의자에 앉아 작품을 뚝딱뚝딱 만들고 있었다. 그들이 만든 작품은 벽과 작업실 한쪽에 전시되어 있었다. 어려운 부분은 그룹장이 옆에서 지도하고 가르쳐 준다. 같은 재료를 사용해도 같은 모양이 없다. 제품을 만든다기보다는 생각과 아이디어를 엮어 새로운 작품을 창조해 내고 있다.

이렇게 만든 향기 나는 양초와 헝겊을 예쁘게 씌워 인형처럼 만든

▲ 장애인이 만든 공예품들

◀ 창조 파트에서 제품을 만들고
있는 장애인, 조약 구슬을
물에 씻어 보여 주고 있다.

보드용 자석, 나무를 이용한 장난감, 찰흙으로 구운 인형, 유리와 석고를 이용한 장식 등 모든 제품들은 스위스 크리스마스 시장과 슈퍼마켓에서 판매된다고 한다. 판매된 수익금은 작업장 운영비로 사용된다.

마르코 씨는 "RGZ 재단은 장애를 가진 사람들이 가장 인간적인 삶을 살 수 있도록 최대한 지원하고 있다."고 강조했다. 이들에 대한 지원 기준에는 부모의 유산, 연금액이 고려된다.

건물 2층은 생산 파트. 냅킨에 잉크로 문양을 넣는 과정과 베틀을 이용해 숄을 짜는 모습을 지켜보면서 장애인들이 일에 얼마나 집중하는지 탄성이 저절로 나왔다. 이렇게 생산된 제품들은 하자가 거의 없다고 한다. "일반 제품보다 오히려 이곳에서 생산된 제품들이 훨씬 더 경쟁력이 있다."고 마르코 씨는 자랑했다.

RGZ 작업장 내에 직업교육 시설은 없다. 다른 곳에서 교육을 마친 장애인 중 이 분야에서 일하길 원하는 사람이 RGZ 작업장에 배치된다. 자신이 원하는 일을 하기 때문인지 작업자들의 표정이 밝다. 그룹장의 지도를 받으며 장애인 스스로가 창의성과 능력을 발휘하게 된다고 한다.

제품을 구매하는 고객이 든든한 후원자

아이디어 상품은 부가가치가 높다. RGZ 작업장에서 만든 제품은 독창성을 인정받아 다량으로 제품을 주문하는 회사와 개인 고객이 점점 늘고 있다고 한다.

지적장애인들은 어떤 일을 처음 시작할 때에 시행착오를 많이 겪는다. 비장애인보다 더 많은 시간과 노력이 필요하다. 하지만 장애인 한

▲ 생산 파트에서 솔을 정성스레 짜고 있는 장애인의 모습
▲ 선생님이 먼저 만드는 방법을 보여주고 있다. 장애인이 만든 인테리어 소품들

사람 한 사람이 가진 재능을 눈여겨보고, 기술을 익힐 기회를 주며, 능력에 맞는 일자리를 제공하는 것이 바로 선진 장애인 직업교육의 힘이 아닐까 싶다.

재정적인 어려움을 장애인 스스로가 만든 제품 판매를 통해 극복하고 있는 RGZ 장애인 작업장. 그 안에서 일하는 장애인이 만든 것은 단순한 제품이 아니라 혼신의 힘을 기울인 예술가의 작품에 가깝다. 순수 작업장은 아니지만 우리나라에도 RGZ 장애인 작업장과 성격이 비슷한 곳이 있다. 발달장애 특수학교인 서울 밀알학교도 학생들이 직접 만든 도예, 자수 작품 등을 판매한다. 하지만 RGZ 장애인 작업장처럼 장

애인 제품을 구입하려는 회사나 개인 고객이 많지 않다.

　작업장이 아니라 학교이기 때문에 차이가 있을 수 있다. 하지만 장
애인에 대한 사회적인 관심이 높아지고, 체계적인 직업교육이 이루어
진다면 더 많은 장애인들이 행복하게 일할 수 있을 것이다. 우리나라에
서도 장애인이 만든 '예술 작품'들이 디자인 소품가게와 백화점의 주요
판매대를 차지하는 날이 머지않아 오지 않을까?

임상준

RGZ 재단(Stiftung Reasonal Group Zürich)
주소　Rautisstrasse 75 8048 Zürich
전화　(058) 307-1011
홈페이지　www.stiftung-rgz.ch
이메일　werstatte.rauti@rgz-stiftung.ch

제면소 체험을 통해
진로를 찾다
일본 나고야 직업개척교(なごや職業開拓校)

"안녕하세요, 반갑습니다, 환영합니다"

일본의 장애인 직업훈련시설은 어떤 모습일까? 궁금증을 안고 버스로 아이치현 나고야시에 위치한 나고야 직업개척교(なごや職業開拓校)로 출발했다. 무척 깨끗한 거리에 많은 사람들이 자전거를 타고 여유롭게 이동하는 모습이 다들 바쁘게 움직이는 한국과는 달랐다. 두리번거리며 일본의 모습을 눈에 담느라 정신이 없는 동안 어느새 나고야 직업개척교에 도착했다. 나고야의 거리처럼 평화로운 분위기가 느껴지는 곳이었다.

4층으로 지어진 건물은 지은 지 10년이 넘었다고는 생각하지 못할만큼 깨끗했다. 문 앞에서 장애인 훈련생들이 "안녕하세요, 반갑습니다, 환영합니다."라며 일본어가 아닌 한국어로 우리를 반갑게 맞이해 주었다.

▲ 나고야 직업개척교의 전경. 장애인을 위한 직업훈련시설로 우동 가게와 제면소로 운영되고 있다.

직접 만든 면으로 우동을 만들다

나고야 직업개척교는 왓빠회에서 나고야시 아이치현의 위탁을 받아 2001년 설립된 공동직업훈련시설이다. 왓빠회는 지적장애인을 위한 취업, 노동, 상담, 생활 등을 지원하는 사회복지법인이다.

미유키 미즈토리(水鳥 美雪) 교장은 "우동을 만드는 직업인을 양성하는 곳이 아니라 일할 수 있는 체험을 하는 곳"이라며 제면소의 역할에 대해서 여러 번 강조했다.

직업개척교는 단순히 제면 기술을 가르치는 것이 아니라 제조업 근무에 필요한 기술과 기능 습득부터 비즈니스 매너에 이르기까지 종

▲ 훈련과정을 설명하고 있는
나고야 직업개척교 미유키
미즈토리 교장

▲ 장애인 훈련생이 밀가루를 배합해서 반죽을 만들고 있다.

▶ 제면소 벽면에는 훈련생의 쉬운
이해를 돕기 위해 면을 만드는
순서가 사진으로 설명되어 있다.

▶ 기계를 통해 뽑아낸 면발이 통에
담겨 있는 모습을 보여 주며
제조 과정을 설명해 주고 있다.

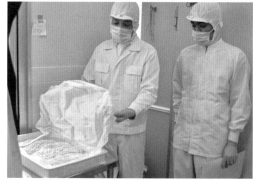

합적으로 훈련시키고 있다. 정신장애인 5명과 지적장애인 20명 정도가 각각 1년과 2년 과정으로 직업훈련을 받고 있다. 이곳에서는 장애인의 직업훈련을 위해서 제면소와 우동 기계를 운영하고 있었다. 제면소에서는 장애인들이 제조업에서 요구되는 기본적인 기능을 습득하기 위한 실질적인 훈련을 진행한다. 1층에 자리한 우동 가게에서는 고객을 만나며 서비스 마인드와 기본적인 매너를 익힐 수 있다.

제면소 안으로 들어가자 10명 정도의 장애인 훈련생들이 위생복을 입고 일을 하고 있었다. 반죽을 만들고, 면발을 자르고, 면의 굵기와 모양을 검수하고, 포장을 하는 등 각기 다른 업무를 하며 기능을 열심히 익히는 모습이었다. 장애인 훈련생이 직접 우리를 안내하며 업무에 대해 상세히 설명해 주었는데, 얼굴에서 열정과 보람이 느껴졌다. 이렇게 제면소에서 완성된 면발은 포장된 상태로 소비자들에게 판매되기도 하고 우동 가게에서 우동으로 만들어져 팔리고 있다.

포괄적인 지원으로 장애인의 취업을 돕다

장애인 훈련생이 직업훈련과정을 모두 마치려면 1~2년이 걸린다. 비즈니스 매너와 기본적인 교육을 배우는 준비 기간, 적성에 맞는 훈련과 체험을 하는 기본 기간, 구직 활동을 하거나 원하는 기업 인턴십을 통해 적성을 파악하는 실천 기간, 취업 활동을 하는 이행 기간으로 구분된다. 교육을 통해 준비하고 본격적인 직업훈련과 실습을 통해 장애인의 능력과 적성에 맞는 취업이 이뤄지기까지 단계별로 포괄적인 지원을 하고 있다. 제면 기술은 여러 체험 중의 하나에 속하고 다른 직종에 취업할 수 있게 적성을 찾도록 돕고 훈련을 진행하는 것이다.

▲ 장애인 훈련생이 포장된 면발을 보여주고 있다. 제품은 소비자에게 판매된다.

▲ 우동 가게에서 다양한 튀김을 곁들여 판매하고 있는 우동

　나고야 직업개척교는 공공 직업훈련소로 나고야시로부터 장애인 훈련생의 훈련 수당을 지원받는다. 훈련 수당은 월 10만 엔(약 100만 원) 정도이며 교통비는 별도이다. 직업개척교의 운영비는 3/4은 정부 보조금, 나머지 1/4은 훈련생들의 수업료와 우동 가게의 수익금으로 충당된다.

　취업했다고 끝이 아니다. 나고야 직업개척교는 장애인이 지속적으로 편하게 일할 수 있도록 장애인과 가족, 기업까지 상담하고 사례관리를 하고 있다. 이러한 과정을 바탕으로 10년이 넘는 역사 동안 일하고 싶은 많은 장애인에게 원하는 일을 할 수 있도록 적극 지원해 오고 있다.

　제면소에서 직업훈련을 받은 훈련생 대부분은 실제로 제면소가 아닌 물류창고 분류, 제조업, 서비스업 접객 업무, 회사 청소 등 다양한 분야에서 일을 한다. 한국과 비슷하게 장애인을 고용하게 되면 국가에서 세금 공제와 훈련생 수당 지급과 같은 각종 혜택을 지원하고 있다.

일하고 싶은 장애인이라면 누구나 일할 수 있다

방문을 마치고 한국의 장애인 직업재활시설은 어떠한지 생각해 보게 되었다. 한국에서도 장애인 취업을 위한 직업재활시설들이 늘어나고 있고 사회복지사들과 직업재활사들이 장애인이 일할 수 있도록 노력하고 있다. 하지만 우리나라에서는 장애인이 다양한 직종을 탐색할 수 있는 기간이 짧고 선택할 수 있는 직종의 범위도 좁은 편이다. 무엇보다 직업훈련은 한 직종을 숙달하는 것에 집중되어 있다.

이와는 달리 일본은 장애인 훈련생이 자신이 원하는 분야를 찾을 때까지 다양한 직업 체험의 기회를 주고 장기적이고 체계적으로 지원한다. 이를 위해 국가와 지자체에서 적극적으로 뒷받침하고 있다.

앞으로 우리나라도 장애인 취업이 활성화되기 위해서 국가와 지자체 지원을 점차 늘려 장애인도 자유롭게 일할 수 있어야 하지 않을까? 장애인의 직업재활을 생각하는 푸르메재단도 나고야 직업개척교처럼 장애인이 원하는 일을 찾을 수 있을 때까지 다양한 경험을 지원하는 게 필요하다. 이번 탐방은 지금보다 더 많은 장애인들이 일을 통해 꿈을 펼칠 수 있도록 그 중심에서 푸르메재단이 해야 할 역할을 함께 고민해 보는 시간이었다.

신혜정

나고야 직업개척교(なごや職業開拓校)
주소 名古屋市西区則武新町二丁目24番14号
전화 052-582-6006
이메일 kaitaku@sd.starcat.ne.jp

시각장애인의 등불에서
모든 장애인의 등불로
일본 사회복지법인 나고야 라이트 하우스

'시각장애인의 자립을 넘어 모든 장애인과 노인을 위한 복지를 꿈꾼다.' 이를 위해 장애인들이 원하는 '직업'을 갖고 원하는 '생활'을 하도록 돕는 것을 핵심으로 여기는 곳이 있다. 나고야시 쇼와구에 위치한 사회복지법인 나고야 라이트 하우스(社会福祉法人 名古屋 ライトハウス)는 지역 장애인에게 직업훈련과 생활 장소를 제공해 장애인의 사회참여 기회를 넓히기 위한 다양한 활동을 하고 있다.

차를 타고 도착한 곳은 일본의 일반 주택가였다. 어디에 시설이 있는지 궁금해 하던 찰나 작은 간판이 붙어 있는 일반 건물이 눈에 띄었다. 그냥 지나치면 상가 건물로 착각했을 것 같다. 동네 안의 건물과 건물 사이에 나고야 라이트 하우스에서 운영하는 시설이 여럿 있었다.

나고야 라이트 하우스는 1946년 "시각장애인의 등대가 되고 싶다."는 창업주의 의지로 설립된 단체이다. 초기에는 시각장애인의 자립과 재활, 복지를 위해 직업훈련, 생활과 정보 교류의 장소의 역할을 해 오다가

▲ 나고야 라이트 하우스의 장애인들이 문구용품을 조립, 포장하는 모습

지금은 장애인과 노인에게 다양한 복지서비스를 제공하고 있다. 사업 분야는 나고야 히가시 직업훈련센터(취업이행지원사업), 취업계속지원사업 (B형), 주간보호(생활개호사업), 그룹홈 운영으로 이뤄진다.

취업을 위한 준비

취업이행지원사업의 일환으로 운영되는 나고야 히가시 직업훈련센터는 기업에 취업을 희망하는 장애인을 대상으로 직업훈련을 하는 곳이다. 아이치현에 거주하고 취업 의욕이 높은 지적장애인과 정신·신체장애인 14명이 훈련을 받고 있다. 훈련생들은 취업에 필요한 기본적 작업 능력과 태도를 습득하고, 면접과 현장실습 등을 통해 직업인으로서의 준비를 해 나간다. 취업이 된 이후에는 직장에 잘 적응할 수 있도록 지도하는 취업 후 적응지도서비스가 이뤄진다. 3년간 정기적으로 해당 기업에 방문해 취업자들과 상담하고 필요한 부분을 지원한다.

우리가 방문한 훈련실에는 한국에도 잘 알려진 필기구 브랜드 '하이테크 펜'을 조립하는 작업을 하고 있었다. 다양한 색상의 펜들이 작업대 위에 일렬로 놓여있는 훈련실의 모습은 우리나라의 작업장 모습과 유사해 보였다. 또한 훈련실답게 '작업에 집중하자! 정리정돈!' 등의 구호가 벽마다 붙어있어 훈련생들과 직원들의 적극적인 취업 의지를 새삼 느끼게 된다.

나고야 라이트 하우스의 야마시타(山下文明) 시설장은 "지난 6년간 52명의 장애인이 양계유통, 소매점, 우체국, 사무보조 등 다양한 기업에 취직했다."고 말했다. 평균 급여는 약 16만 엔(약 160만 원) 정도이다. 체계화된 지원책이 취업을 유지할 수 있는 비결임을 새삼 생각하게 된다.

적성에 맞는 일을 찾을 수 있도록

나고야 라이트 하우스의 또 다른 사업장은 취업계속지원사업(B형)장이다. 일반 기업에 취직하기 어려운 장애인에게 일자리를 제공해 주는 우리나라의 보호작업장 같은 곳이다. 이곳은 크게 4개의 직업공과반이 운영되고 있다. 먼저 시각장애인들의 주요 직종인 마사지와 침·뜸을 하는 치료부와 녹음속기과가 있고 그 외 신체장애인들과 지적장애인이 주로 근무하는 인쇄과와 부품가공과가 있다. 이렇게 다양한 작업장에서 장애인들은 자신의 적성과 능력에 따라 하나를 선택해 일할 수 있다. 특별히 이곳은 다른 기관의 취업계속지원사업 참여자에 비해

▲ 취업을 위해 필요한 훈련을 받을 수 있는 공간. 상품 제조,
　직업예절교육, 사무보조 등 다양한 훈련이 진행된다.

▲ 장애인 취업지원에 대해
　설명하고 있는 야마시타 시설장

높은 임금을 받고 있어 참여율이 높다고 한다. 현재 77명이 이용하고
있다.

　시각장애인이 중심이 돼서 설립한 법인답게 치료부와 녹음속기과
는 주로 시각장애인들의 작업장이다. 시각장애인들이 잘할 수 있는 직
무 중심의 작업장을 운영하며 소득을 창출하고 있다. 특별히 치료부의
경우 침술과 마사지 등 전문 자격증을 소지한 장애인 11명이 지역주민
을 대상으로 1인당 하루 평균 5~6명에게 안마서비스를 제공한다. 지역
주민들은 자연스럽게 이곳에서 안마를 받는다. 안마를 받을 때 선호하
는 안마사도 선택할 수 있다. 로비에는 선택할 수 있게 입구에 안마사
사진과 소개가 되어 있다. 서비스 제공 공간은 우리나라의 여느 마사지
숍과 다르지 않다. 그래서 이곳의 장애인 직원들은 다른 사업의 참여자
들에 비해 소득이 조금은 높다고 한다.

　또한 녹음속기과에는 7명의 시각장애인들이 컴퓨터 앞에 앉아 인

근 대학의 강연록과 전문자료 등 다양한 내용의 음성파일을 문서화하는 작업을 하고 있다. 이곳에서 일하는 시각장애인들은 대부분 앞이 전혀 보이지 않는 전맹(全盲)이다. 주로 대학에서 연구자료와 강의록 등을 의뢰받아 문서화하는데 그 비용은 1분에 300엔 정도라고 한다. 다들 오래 근무한 듯 매우 숙달된 모습으로 일하고 있다. 시각장애인의 강점에 맞춰 이렇게 직종을 운영하는 모습 또한 매우 인상적이다.

녹음속기과에서 변환된 문서파일은 인쇄과로 전달돼 납품이 이루어진다. 더불어 인쇄과는 잡지, 전단지, 명함, 교재 등을 제작한다. 편집과 교정뿐만 아니라 완성본에 잘못된 부분이 없는지 검사도 함께 진행하고 있다. 이곳에는 숙달된 신체장애인들이 근무하며 그 완성도를 높이고 있다. 야마시타 시설장에 의하면 처음부터 이렇게 숙련된 모습은 아니었다고 한다. 처음엔 실수도 많고 어려움도 있었지만 지속적으로 근무하는 과정에서 동일한 일을 꾸준히 하다 보니 이제는 다 전문가라고 한다.

부품가공과는 주로 지적장애인들이 근무하고 있는 과로 기업의 하청을 받아 문구용품 조립과 포장을 진행한다. 비장애인 직원 1명이 장애인 6명을 돌보고 있다. 특히 부품가공과에서 인상적이었던 것은 부품가공과를 두 반으로 나누어 운영하는데, 그 기준을 한반의 경우에는 일정한 노동력이 있는 장애인들이 참여하여 생산성 있게 일하도록 지원하는 한편, 다른 반의 경우에는 장애인이 편하게 일하는 환경은 만들어주되 작업속도나 태도에서 받는 스트레스를 최소화하게끔 운영하고 있어 실제 작업을 힘들어 하는 중증장애인도 일할 수 있도록 환경을 만들어 주는 모습이었다.

▲ 녹음속기과의 시각장애인들이 강의록과 전문자료 등 다양한 내용의 음성파일을 문서화하는 작업을 하고 있다.

다양한 프로그램으로 일상을 누리다

라이트하우스에서는 생활개호사업도 운영한다. 생활개호사업은 한국의 주간보호시설과 유사하다. 주로 중증장애인들을 대상으로 낮 시간 동안 장애인들에게 일상생활과 여가를 위한 다양한 프로그램을 지원한다. 시각장애인 법인답게 생활개호사업 또한 시각장애인반과 지적장애인반을 별도로 운영하고 있다. 시각장애인반은 주로 시각장애 어르신들이 낮 동안 비즈 공예, 뜨개질, 노래 등의 여가 프로그램을 중심으로 진행하고 있었고 지적장애인반은 우리나라의 주간보호와 유사하게 일상생활 훈련, 레크레이션, 사회적응훈련 등을 실시하고 있다.

▲ 의뢰받은 자료를 인쇄해 책으로 제본하고 있는 인쇄과 장애인의 모습

▲ 침과 마사지 서비스를 제공하는 치료과 접수대 옆에 전문 자격증을 소지한 직원들의 사진이 보인다.
　치료실 안쪽에는 우리나라의 치료실과 비슷한 침구가 놓여 있다.

지역사회로의 자립을 준비하는 공간

나고야 라이트 하우스는 장애인들이 지역사회로 나갈 수 있도록 연습하는 공간도 마련했다. 바로 복지홈이다. 신체장애인이 입소할 수 있으며 지적·정신장애인은 일본의 다른 사업을 이용해야 한다. 시설은 현대적이고 세련된 분위기의 원룸 형태로 되어 있다. 3년의 입소 기간을 채우고 난 이후에는 복지홈을 벗어나 지역사회로 돌아가도록 권장하고 있다. 영구적으로 거주할 수 있는 공간은 아니지만, 일상을 지내기 위해 필요한 다양한 훈련들을 받으며 지역사회에 나갈 준비를 할 수 있다.

장애인과 비장애인이 상생하는 길

일본에서는 라이트하우스 같이 여러 가지 유형의 시설을 한곳에서 운영하는 곳을 다기능사업장이라고 한다. 다기능사업장의 장점은 이용 장애인의 욕구에 따라 다양한 서비스를 이용할 수 있다는 점이다. 이곳에서 발행한 사업안내 팸플릿을 보면 이렇게 되어 있다.

"편하게 작업하면서 성장하기를 원하면 생활개호(주간보호)로, 생활개호에서 지원받으면서 열심히 일하고 싶으면 취로(취업)계속지원B형으로, 취로계속지원B형에서 스텝업을 원하면 취로이행사업장으로, 취로이행사업장에서는 일반고용으로."

장애인 입장에서 나에게 맞는 곳을 선택하여 이용하기 참 좋을 것 같다는 생각이 든다. 또한 인상적이었던 것은 이러한 여러 개의 시설이 일반 주택가 안에 여러 개의 건물로 나누어져 있어 특별히 사회복지시설이라는 표시가 나지 않았다. 이렇듯 낮 동안에는 각자의 욕구와 수준

▲ 노인과 장애인들이 함께 프로그램을 시작하기 전에 자기소개를 하고 있다. 우리나라의 주간보호시설과 비슷하다.

▲ 시각장애인반에서 비즈 공예로 만든 열쇠고리가 판매 중이다.

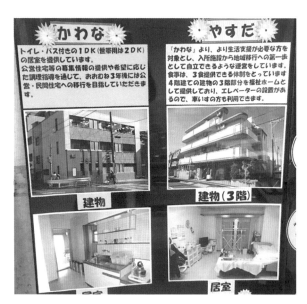

▲ 신체장애인이 지역사회에서의 자립을 목표로 일정 기간 동안 생활할 수 있는 그룹홈에 대한 홍보물

에 맞는 직업 및 일상 활동을 하고 저녁에는 복지홈이나 그룹홈에서 자립적으로 살아가는 일본 성인 장애인들의 모습 속에서 장애인이 아닌 보편적인 성인의 삶을 볼 수 있었다.

한편, "장애인이 비장애인과 경쟁의 대상이 되고 자동화와 저가생산 등으로 작업물품 수급이 어려워지는 현실이 안타깝다."는 야마시타 시설장의 말이 기억에 남는다. 개별 장애인들의 강점을 살려 생산성을 높일 수 있는 일거리 창출은 어디에서나 과제인가 보다. 장애인과 비장애인이 무한 경쟁이 아닌 서로의 강점을 최대화하여 상생하는 길을 찾기 위해 노력한다면, 지역 안에서 함께 더 신명나게 살아갈 수 있지 않을까?

박재남

나고야 라이트 하우스(社会福祉法人 名古屋ライトハウス)
주소 名古屋市昭和区 川名本町1-2
홈페이지 nagoya-lighthouse.jp
전화 052-757-3522

자기다운 삶을
선택하는 장애인
미국 게이트패스

모든 사람이 온전하게 수용되고, 존중받으며, 포함되는 세상

미국 캘리포니아주 샌프란시스코 산마테오(San Mateo)에 위치한 게이트패스(Gatepath)는 1920년에 설립되어 약 100년의 역사를 자랑하는 장애인 단체이다. '모든 사람들이 온전하게 수용되고, 존중받으며, 포함되는 세상(A world where people of all abilities are fully accepted, respected and included)'을 꿈꾼다.

우리나라의 장애인복지관과 유사한 기능을 하는 게이트패스는 어린이부터 노인에 이르기까지 생애주기별로 장애인들에게 교육 및 지역사회훈련, 직업지도 및 취업을 연계하고 지원하는 복지 전문기관으로 직원 350명이 근무하고 있다. 장애인들의 서비스 참여 과정이 매우 인상적인 곳이다.

▲ 게이트패스의 사업을 설명하고 있는 트레이시 페처(Tracey Fecher) 부사장

폭넓은 프로그램 지원하는 게이트패스

게이트패스의 프로그램은 크게 3가지이다. 첫 번째는 교육훈련 (learning center)이다. 미국의 장애인은 18세 이전에 장애 등록을 하게 되면 성인기, 장년기, 노년기까지 평생 프로그램을 이용할 수 있으며, 이용 기간과 자격은 장애인 각자의 의지와 능력에 따라 다르다.

게이트패스는 장애어린이와 청소년에게 재미있는 환경에서 발달을 육성할 수 있도록 광범위한 교육 프로그램을 지원한다. 인지, 작업, 언어, 심리지원 등 기본 치료 프로그램 이외에 요가, 음식 만들기, 영상 제작 등 다양한 여가 프로그램을 운영하고 있다.

수업은 월요일부터 금요일 4교시까지 진행되며, 장애인들은 우리 나라처럼 정규 일정에 따를 필요 없이 자신의 취미와 욕구에 따라 개별

▲ 음악과 나들이를 좋아하는 장애인을 위한 우쿨렐레 교육
▲ 잡 코치 1명과 장애인 4명이 함께하는 직업교육 및 지역연계 프로그램

프로그램을 선택해 교육받을 수 있다.

두 번째는 성인 장애인에게 직업교육 및 지역연계 프로그램(community access)을 실시한다. 장애인 4명이 한 그룹을 이뤄 잡 코치(job coach) 1명의 지도 아래 평일 2~3시간씩 일하고 있으며 시간당 최저임금인 10.5달러(1만 1860원)를 받고 근무하고 있다.

이들은 근무시간 이외에 애견보호센터와 노인급식봉사 등 자원봉사를 하면서 사회 구성원으로서의 책임과 역할을 다하고 있다. 기관을 이용하는 장애인은 서비스의 수혜자이면서 공급자이기도 하다.

세 번째 프로그램은 고용서비스(employment service)이다. 고용서비스는 장애인의 기능, 능력, 직종별 3가지 훈련으로 구성된다.

먼저 진로탐색(career path)을 통해 직장인의 자세 및 예절 등에 대한 인성교육이 이뤄지고 있다. 특히 직업준비, 지역사회훈련, 건강교육, 자기표현, 대중교통 이용법 등을 통해 독립생활을 할 수 있도록 기초과정을 실시하고 3개월마다 일정을 점검해 관리하고 있다.

이어서 그룹 취업알선(group placement)이 이루어진다. 직업기능이 다소 부족한 장애인 근로자와 같이 잡 코치가 24시간 상근하며 취업을 지도한다.

우리가 방문한 메리어트 호텔(Marriott Hotel)에서는 20명의 근로자가 매일 오전 9시부터 오후 3시까지 호텔 청소, 린넨 수거, 주방 세척 등을 하고 있으며 이들은 각자 풀타임 근로와 기술학습 등의 개별 목표를 갖고 근무하고 있다.

현장에서 만난 한 장애인은 "근로자들끼리 같이 일할 수 있고 성취하고 싶은 목표가 있어서 일하는 것이 즐겁다."고 대답했다. 메리어트

▲ 게이트패스에서 진행하고 있는 취업지원 프로그램
▲ 직업교육에 참여하고 있는 장애인

호텔에서는 3명의 잡 코치가 체크리스트를 활용한 모니터링을 통해 개별 목표를 점검하고 있다.

마지막으로 숙련된 근로자들에게는 개별고용(individual placement)을 실시하고 있다. 잡 코치가 직업능력이 우수하고 훈련된 근로자들이 근무하는 고용업체에 주 1회 정도 방문해 직업지도를 실시한다.

장애인, 일방적 서비스 수혜자 아닌 선택권 지닌 소비자

게이트패스에서 소개한 장애인 60명은 산마테오(San Mateo) 지역에 있는 메리어트 호텔, 유니클로, 맥도널드, 편의점, 메이시스 백화점 등 미국 유명 기업에 채용되어 일하고 있다. 장애인 근로자는 해당 회사가 아닌 취업훈련과 소개를 맡은 장애인 단체와 직접 계약을 하고 급여도 장애인 단체를 통해 지급받고 있다.

게이트패스의 연간 예산은 약 1550만 달러(175억 원)로 예산의 50%는 캘리포니아주 정부에서 지원받고 있으며, 나머지는 목적사업과 개인 기부를 통해 충당되고 있다. 주 정부로부터 독립성을 갖추기 위해서 기업들과 환경캠페인, 바자회 등을 통해 자체 예산을 확보하는 것에 더 많은 노력을 기울이고 있다고 한다.

미국 사회도 장기불황과 경기침체로 해마다 2천여 개의 기업이 폐업하고 있는 상황 속에서 장애인 근로자의 임금상승률은 물가상승률에 비해 현저히 낮아 장애인들의 고용불안과 생활에 대한 불안감이 가중되고 있다.

게이트패스 이용자들의 장애 유형 및 장애 환경, 근로자들의 직종은 한국과 유사하다. 우리나라와 다른 점이라면 미국의 장애인들은 일

▲ 게이트패스에서 소개한 장애인이 근무하고 있는 메리어트 호텔

▲ 메리어트 호텔에서 린넨 작업을 하고 있는 장애인

▲ 메리어트 호텔 주방에서 일하고 있는 장애인

방적으로 지원받는 서비스 수혜자가 아닌 교육과 직업의 선택권을 가진 소비자라는 것이다.

우리나라는 아직까지도 장애인이 사회로부터 원조, 시혜 등 복지서비스를 제공받는 수혜자로 인식되는 것이 너무나 당연시되어 왔다. 앞으로 우리나라에도 미국처럼 장애인의 참여, 선택, 권리 등이 보장받고 우선시되는 보다 능동적인 사회 환경이 조성되길 희망한다.

왕기덕

게이트패스(Gatepath)
주소 350 Twin Dolphin Drive, Suite 123, Redwood City, CA 94065
전화 650-259-88500
홈페이지 www.gatepath.org

전문 직업인 양성을 향해
'함께 배움 함께 성장'
독일 레겐스 바그너 직업학교

사순절 전에 열리는 축제인 가톨릭 사육제의 첫날. 독일 남부 바이에른주 슈로벤하우젠에 위치한 레겐스 바그너 직업학교(Regens-Wagner-Berufsschule Schrobenhausen)를 찾았다. '함께 배움 함께 성장'이라는 교육목표로 전문 직업인을 양성하기 위해 1977년에 설립된 직업학교이다.

독일의 400여 개의 공인된 직업교육기관 중 하나인 레겐스 바그너 직업학교에서는 장애학생과 비장애학생의 통합교육이 이뤄진다. 세부적으로 전문 직업공과 11개의 교육과정을 운영하고 있다. 학생들과 즐겁게 담소를 나누고 있던 프란츠 슈미트(Franz Schmid, StD) 교장이 반갑게 맞이해 주었다. 프란츠 교장은 이 학교를 졸업한 후 교사로 재직하다 2007년부터 교장직을 맡아 학교를 운영하고 있다.

▲ 독일 남부 슈로벤하우젠에 위치한 레겐스 바그너 직업학교의 전경
▲ 레겐스 비그너 직업학교 프란츠 교장

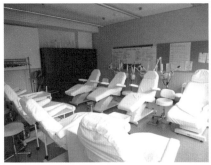

▲ 층별로 이론교육과 실습교육이 동시에 이루어지는 훈련 공간이 마련되어 있다. 장애학생들은 실제 취업현장과
동일하게 구성된 훈련 공간에서 사회로 나갈 준비를 한다.

▲ 목공(좌), 자동차(우) 등 제조와 설비에 관련된 훈련 공간의 모습

전문 직업인으로 사회에 진출하다

"독일에서 직업은 단지 일과 노동의 개념이라기보다는 개인의 고유
한 능력을 발견하고 개발해 시민사회 공동체에 참여할 수 있는 기회이
다." 프란츠 교장은 직업이 어떠한 의미를 갖는지를 강조하며 학교 소
개를 시작했다. 독일의 교육 체계에서는 초등과정 4년을 마치면 진로

▲ 학생들의 정서적인 안정을 유도하는 심리안정 프로그램실, 다양한 학습에 필요한 기자재를 갖춘 이론교육실

▲ 학생들에 의해 자율적으로 운영되는 매점, 학생들 활동 작품을 인테리어에 접목한 로비 공간

를 고민한다. 직업 분야를 선택하는 학생은 6년(레알슐레, 하우프트슐레), 대학을 목표로 하는 학생은 8년(김나지움)의 중고등과정을 거치게 된다. 약 50%의 학생들이 직업학교 과정을 통해 전문 직업인이 되어 사회에 진출한다.

레겐스 바그너 직업학교에서는 현재 학습장애 등 경증장애를 가진

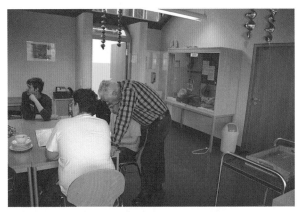

◀ 기업이 참여하는 도제식 훈련에서 마이스터로부터 설명을 듣고 있는 학생들의 모습

◀ 자동차 정비훈련을 위해 기업에서 지원한 아우디 차량

◀ 학생들의 자치활동을 지원하는 레겐스 바그너 직업학교 자치회실 내부

학생이 통합교육을 받고 있다. 이 중에는 다운증후군 학생 3명도 포함되어 있다. 프란츠 교장은 "교사와 학교는 학생이 어떤 환경에 있고, 어떤 약점을 가졌든지 간에 진문 직입인이 될 수 있도록 최신을 다하고 있다."고 말하며 통합교육에 대한 투철한 사명감을 나타냈다.

학교와 기업이 전문 직업인을 양성한다

레겐스 바그너 직업학교는 기업과 학교가 함께 교육에 참여하는 '이중교육시스템'을 적용하고 있다. 이중교육시스템은 일주일에 3~4일은 기업의 마이스터에게 개별적으로 도제식 훈련을 받고 1~2일은 학교 수업을 받는 방식이다. 덕분에 대다수의 학생들은 취업에 성공해 사회에 진출하는 성과를 보이고 있다.

독일에서는 이중교육에 참여하는 기업만 50만 개 이상이며 대부분 종사자 500명 미만의 중소기업이다. 기업들은 직업학교에 필요한 실습 기자재뿐만 아니라 실제 근로현장과 흡사한 훈련 환경이 마련될 수 있도록 적극적인 지원을 통해 협력하고 있다고 한다.

한 해에 레겐스 바그너 직업학교를 졸업하는 학생 120명 중 90% 이상이 졸업 전에 취업이 확정된다. 나머지 학생들은 본인 의사에 따라 추가적으로 직업훈련을 받거나 좀 더 전문적인 과정을 이수한다. 프란츠 교장은 취업 성과를 내는 저력이 이중교육시스템에 있다고 했다. 취업을 연계하는 성공적인 운영 덕분에 독일은 작년 경제협력개발기구(OECD) 청년 실업률 평균 13.4%의 절반 수준인 7%를 나타냈다.

독일의 이중교육시스템은 현재 많은 나라에서 실업문제를 해결하기 위한 고용창출 모델로 주목받고 있다. 우리나라 정부도 이중교육시스템을 적용해서 청년 실업문제를 해결할 수 있는 방안을 모색하고 있다. 취업 취약계층에게도 균등한 기회가 제공되는 독일식 직업교육. 레겐스 바그너 직업학교를 보면서 우리나라 장애인 직업교육의 현주소와 나아가야 할 방향에 대해서 많은 생각을 가지게 되었다.

장애인의 직업적 생애주기까지 고려하는 독일의 '맞춤식 직업훈련 서비스'

독일은 2014년 현재 레겐스 바그너 직업학교와 같이 경증장애인 대상의 직업훈련 과정 외에도 장애 정도와 생애주기를 고려한 세 가지 유형의 시설을 운영하고 있다.

먼저, 일반 고용시장에 진입하기 어려운 장애인(혹은 퇴직한 장애인)을 지원하기 위한 장애인 작업장(Werkstatt für behinderte Menschen – WfbM)이다. 현재 30만 명의 장애인이 약 700개의 공인된 장애인 작업장에 참여하고 있다. 그 다음으로 성인 장애인과 중도장애인을 위한 직업재활 지원시설인 직업지원원(Berufsförderungswerk) 1만 5000개가 있다. 또 직업에 대한 욕구를 가진 젊은 장애인은 직업교육 기관인 직업교육원(Berufsbildung swerk)에 갈 수 있다. 현재 204개가 운영 중이다. 이처럼 장애 정도와 직업적 생애주기에 따라 제공되는 서비스는 다르다. 하지만 기업과 더불어 훈련과정뿐만 아니라 생산과정까지 협력하며 장애인 고용창출을 위해 노력한다는 점은 동일하다.

우리나라의 경우 장애인 작업장 성격의 직업재활시설(보호작업장, 근로사업장)은 전국적으로 510개소가 운영 중이며, 개소당 평균 이용 장애인 33.72명으로 총 1만 7200여 명 정도가 근무하고 있다. 직업재활 지원시설인 직업지원원은 우리나라의 지역사회재활시설(장애인복

　　　　　　　　　　　　　　　　(단위: 개소)

유형구분	독일	한국
장애인 자업장(직업재활시설)	700	610
직업지원원(장애복지 이용시설)	15,000	212
직업교육원(직업교육기관)	204	7
총계	15,904	729

지관) 성격으로 구분하여 보았을 때, 전국적으로 212개소가 운영 중이다. 직업교육원은 한국장애인고용공단에서 운영 중인 전국의 직업능력개발원과 지원센터를 포함한 7개소 정도가 운영되고 있다.

2014년 장애인실태조사에서 우리나라는 15세 이상 장애인구 대비 취업률은 36.6%로 전국 인구대비 취업률의 절반이 조금 넘는 수준을 유지하고 있다. 장애인을 학령기에서부터 체계적인 직업교육을 통해 전문 직업인으로 양성해 나가는 독일의 시스템에 비한다면, 아직 우리나라는 교육적인 측면에서 통합교육이라는 수준을 유지하고 있는 실정이다. '함께 배움 함께 성장'이라는 모토 아래 우리나라의 장애청소년들이 당당한 전문 직업인으로 성장해 사회에 나갈 수 있는 현실이 조속히 이루어졌으면 하는 바람을 가져 본다.

　　　　　　　　　　　　　　　　　　　　　　　　채춘호

레겐스 바그너 직업학교(Regens-Wagner-Berufsschule Schrobenhausen)
주소 Michael-Thalhofer-Str.11, 86529 Schrobenhausen
전화 08252-915115-100
홈페이지 www.bs-schrobenhausen.regens-wagner-schule.de
이메일 franz.schmid@regens-wagner.de

독일 명차에 깃든
나눔

    레겐스 바그너 직업학교는 독일의 400여 개 공인된 직업전문학교 중에서 장애학생과 비장애학생이 함께하는 통합직업학교이다. 취업에 적합한 11개의 교육과정 중 단연 그 중심에는 독일 제조업의 근간인 자동차 산업과 관련한 정비 교육과정이 있다.

    독일 속담에 "아내 없이는 살아도 자동차 없이는 살 수 없다."는 말이 있다. 독일 사람들의 자동차 사랑처럼 정비 교육과정에 학생들의 관심과 참여가 가장 높다고 한다.

    독일에는 명품 자동차 회사들이 많다. 메르세데스 벤츠, 아우디, BMW, 포르쉐 등 명차를 만들어 내는 독일 자동차 기업들 명성의 배경에는 품질과 성능뿐만이 아니라는 것을 레겐스 바그너 직업학교를 통해 알게 되었는데 그것은 바로 '나눔'이다.

    직업전문학교 학생들이 자동차 관련 전문 기능인으로 양성될 수 있도록 기업들은 출시되는 최신형 차들을 무상 기부하고 있다. 또한 기업 전문가들이 정기적으로 학교를 방문해 학생들과 함께 수업에 참여하며 재능을 나누는 산학연계 봉사 활동도 정기적으로 실시하고 있다. 이 밖에도 학생들을 직접 기업체 생산현장에 참여하게 해 관련 분야의 마이스터로부터 일대일 교육을 받는 도제식 실습과 함께 취업 연계도 활발하게 이뤄진다.

    기업의 가치를 나눔에 두고 전문 직업인을 함께 만들어 나가는 독일의 자동차 기업들에게서 다시금 독일 명차의 명성이 저절로 만들어진 것이 아닌 품질과 성능에 더한 나눔이 뒷받침되었기 때문이라는 것을 알게 되었다.

장애인의 단절된 꿈을
다시 잇는다
오스트리아 빈워크 장애인 작업장

　오스트리아는 우리나라 서울의 인구보다 적은 인구 800만의 작은 나라다. 유럽연합(EU) 국가 중 스웨덴, 핀란드, 덴마크, 네덜란드에 이어 다섯 번째로 세금을 많이 걷는 사회복지국가이기도 하다. 연봉 5만 유로(8000만 원) 이상을 받는 고소득자의 경우 월급의 50%가 세금으로 나간다. 그만큼 국민의 세금으로 저소득층(인구의 6%), 노인, 장애인을 위한 사회보장제도가 잘 정비되어 있다. 오스트리아의 장애인 작업장은 어떨까?

　빈워크(Wien Work)는 오스트리아의 수도 빈(Wien)의 탄호이저플라츠(Tannhäuserplatz) 2가에 있는 장애인 작업장이다. 이곳은 오스트리아 최대의 고딕 양식 건축물인 슈테판(Stephan) 성당에서도 그리 멀지 않은 곳에 위치해 있다.

　작업장 입구에 들어서자 상하의 빨간색이 유난히 눈에 띄는 오스트리아 국기처럼 벽에 새겨진 빈워크의 빨간색 로고가 가장 먼저 눈에 들어왔다. 주택가 옆, 담쟁이가 벽면을 아름답게 휘감고 있는 곳을 지난 1층 사무실로 우리 일행은 발길을 옮겼다. 겉에서 보기에는 장애인들이 일하는 곳이라고 전혀 보이지 않을 만큼 장애인, 비장애인의 경계가 느껴지지 않았다.

홀로 설 수 있도록 터를 닦는 곳

작지만 아담하게 생긴 1층 로비에는 빈워크 소개 자료가 여기저기 비치되어 있고 안내데스크, 회의실, 작업장(목공)으로 가는 문이 연결되어 있다. 2층은 사무처 직원들이, 3층은 장애인들이 일하는 곳이다.

1층 작업장은 '윙'하는 전기톱이 돌아가는 소리와 함께 망치로 나무를 두드리는 소리로 요란했다. 장애인 작업자들이 목재로 식탁과 의자, 다양한 목공예품을 만들고 있었다. 2층 사무실에는 장애인 학생 및 성인 장애인이 상담을 하거나 주로 빈워크의 직원들이 서류 작업을 하고 있었다. 3층은 카피서비스 공간으로 장애인들이 우편 발송 작업과 기업 홍보물 카피본을 만드는 일을 하고 있다.

1981년 10월에 설립된 빈워크는 장애인과 장기 실업자를 위한 상담, 교육, 직업훈련, 취업 알선을 하는 단체다. 민간 기업과 사회복지단체의 성격을 아울러 가지고 있는 회사이기도 하다. 빈워크의 책임자인 볼프강 슈펠(DSA Wolfgang Sperl) 사무총장은 "이곳의 가장 중요한 역할은 사회에 나가서 자립할 수 있도록 장애인을 교육하는 것"이라고 소개했다.

빈워크는 정부 지원을 받는 민간 기업이지만 운영은 시민 단체인 폭스힐페(Volkshilfe: 실버케어단체)와 KOBV(상이용사단체)에서 각각

◀ 빈워크의 옛 건물과 새 건물
  전경
  출처: 빈워크 홈페이지
  www.wienwork.at

◀ 볼프강 사무총장
  출처: 빈워크 홈페이지
  www.wienwork.at

140

▼ 오스트리아 수도 빈(Wien)의 장애인 수

구분	인구	비고
인구수	1,600,000명	
등록 장애인수	160,000명	인구의 10%
등록 장애인 학생수	11,700명	
고용된 장애인수	19,311명	2006년 12월 기준
장애인 실업자수	7,436명	2007년 4월 기준

출처: 오스트리아 연방 사회사업실 자료(2006)

50%씩 나누어서 맡고 있다. 이 두 단체의 임원들로 구성된 감사위원 6명이 재정, 운영에 대한 감사를 맡고 있으며 이들 6명 중 1/3은 장애인 노동자 대표들로 구성되어 있다.

2006년 기준으로 현재 이곳 빈워크에는 장기실업자를 포함하여 414명의 장애인들이 직업훈련을 받으며 일을 한다. 오스트리아 수도 빈의 인구는 160만 명인데, 이 중에서 인구의 10%인 16만 명이 장애인으로 등록되어 있다. 장애인 실업자 수는 등록 장애인 중 5% 미만이라고 한다.

장애인은 상담을 통하여 자신의 적성에 따라 알맞은 직업 분야를 선택하고 7개월간 직업훈련을 거친 후에 금속, 목공, 세탁, 음식, 출판, 카페서비스, 접합, 도색, 요리, 벽돌 쌓기 분야에서 일을 하게 된다.

빈워크는 탄호이저플라츠 외에 씨메링(Simering, 세탁), 레오폴다우(Leopoldau, 금속·접합), 슈타트라우(Stadlau, 섬유·도색·청소) 지역에도 작업장을 마련해 장애인에게 직업훈련 프로그램을 제공하고 함께 일할 기회를 제공한다.

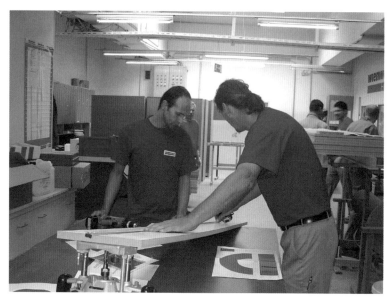

▲ 마이스터의 도움(오른쪽)을 받아 목공일을 하고 있는 장애인 작업자

고용주 마음대로 해고할 수 없다

시내 중심에 자체 레스토랑을 운영하는 빈워크는 주 정부와 연방노동청의 예산 지원 외에도 자체적으로 생산한 제품들을 판매하여 재정을 충당한다. 1년 예산이 1300만 유로(208억 원)나 되니 우리나라의 잘나가는 중소기업에 버금간다.

장애인들이 직접 제작한 제품들을 판매해서 얻은 수익이 270만 유로(43억 2000만 원)가 된다. 대부분이 유기농, 바이오 같은 환경친화적 제품이다.

유한회사로 운영이 되고 있지만 빈워크는 오스트리아 연방 정부의 사회사업부와 긴밀한 관계를 유지하고 있고 연방 정부뿐만이 아니라 연방사회복지단체인 ATF, BaSB, FSW 등에서도 지원을 받는다.

빈워크에는 직원을 포함해 1400명이 일을 하고 있다. 예산은 대부분 인건비로 나가고 장애인도 비장애인과 마찬가지로 연금, 의료보험 혜택을 받는다.

오스트리아에서는 장애인이 일을 하러 들어오면 고용주가 마음대로 해고할 수 없는 것이 특징이다. 빈워크에도 115명이 평생 동안 일하겠다고 고용계약서에 서명을 한 상태다.

우리나라의 공업고등학교처럼 이곳에서도 4년제 정식학교를 운영하고 있다. 현재 140명이 교육을 받고 있다. 1주일에 2회씩 현장실습을 나가게 되고 3~6주간 반드시 현장실습을 해야 한다. 빈워크에서는 오

▲ 선생님과 진로상담을 하고 있는 장애인 학생

스트리아에서 최초로 고령자와 장애인의 통합교육을 실시했다. 과정 수료 후에는 연방 정부로부터 공인된 기능 자격 수료증을 받게 된다.

장애청소년을 위해 'School's out, Job's in'(14~15세 장애인 중에서 직업을 갖고 싶거나 일을 하고 싶은 장애인들이 사회에 나가 일을 할 수 있도록 능력과 적성을 개발시키는 프로그램), 'Live Dabei'(빈워크 이외의 다른 작업장에서 일하는 장애청소년을 대상으로 하는 진로상담)라는 특별 프로그램도 진행한다. 이러한 특별 프로그램은 연방 정부로부터 전액 지원을 받게 된다. 그 밖에도 장애청소년들에게 다양한 경험과 넓은 시야를 갖게 하기 위해 연극, 영화, 해외교환 프로그램 등을 활발히 실시한다고 한다.

볼프강 사무총장은 "이곳에서 직업교육을 받고 있는 장애인 학생과 성인의 80%는 현재 자신이 선택한 진로와 직업에 대해서 만족한다."고 말했다.

빈워크는 양로원과 재활원에 장애인이 운영하는 음식점을 개장하고 장애인의 새로운 일자리 창출에도 도움을 주고 있다. 최근에는 입소문을 통해 벽돌공이나 정원사로 일하고자 하는 동구권 사람들의 지원이 늘고 있다고 한다.

직업교육을 받아도 갈 곳이 마땅치 않은 국내 현실

선천적 혹은 후천적으로 장애를 가진 장애인은 재활치료와 훈련을 거쳐 사회에 나가서 자립하는 것이 1차적인 목표다. 일을 할 수 없는 장애인도 있지만 저마다 하고 싶은 일이 분명히 있다. 그러나 때론 현실 속에서 직업 선택의 자유나 일할 권리를 박탈당하기도 한다.

중도장애인에게는 사고가 나기 전 일했던 곳에서 다시 일할 수 있는 기회를 주고 장애청소년에게도 직업 적성을 파악하여 원하는 직업을 선택할 수 있는 권리를 줘야 한다. 그러나 우리나라에서는 교육을 받고 다시 직장 생활로 복귀하는 것이 쉽지 않다.

빈워크는 상담, 교육, 취업 알선 등의 활동이 서로 연관되어 유기체처럼 운영되고 있다. 물론 빈워크에서 이 모든 일을 다하는 것은 아니다. 그것을 수행할 수 있는 기관에 위탁하고 전체 운영을 관리하고 책임지는 역할을 한다.

우리나라에도 장애인을 위한 직업훈련원으로 장애인고용촉진공단의 일산 직업훈련원, 삼육재활센터 직업훈련원, 근로복지공단의 안산 재활훈련원 등이 있지만 막상 직업훈련을 마치고도 취업을 하지 못하는 장애인들이 많다고 한다. 이것은 공단이나 센터의 잘못이라기보다 장애인을 고용하지 않는 회사나 작업장의 문제이기도 하고 장애인에 대한 사회적인 인식 탓이기도 하다.

현재 오스트리아에는 빈워크처럼 장애인을 위한 직업교육, 상담, 취업 알선을 하는 곳이 몇 군데나 더 있다. Team Work, Team Styria, ABC, Salzburg 등이다. 모두 단독으로 운영하기보다 서로 네트워크화되어 있어 업무 협조 및 정보 공유가 이루어지고 있다고 한다.

연방 정부나 시의 적극적인 지원이 없었다면 빈워크 운영에는 적지 않은 어려움이 있었을 것이다. 빈워크가 성장할 수 있었던 비결은 장애인을 배려하고 지원하는 사회보장제도와 네트워크가 잘 되어 있기 때문이다. 또한 취업 알선에서 끝나지 않고 취업 후에도 장애인 및 가족에 대한 지속적인 상담과 관리가 이루어진다.

장애인복지에 대한 지원 및 서비스를 유럽과 단순 비교할 수는 없다. 그러나 빈워크처럼 장애인의 적성과 가치를 존중하며 적성에 따라 교육하고 다양한 프로그램 및 사업을 통해 일자리를 개발하는 것은 타산지석으로 삼아야 하지 않을까?

임상준

빈워크(Wien Work)
주소 Dr.-Otto-Neurathgasse 1 1220 Wien
전화 43-1-280-55-10
홈페이지 www.wienwork.at
이메일 office@wienwork.at, wolfgang.sperl@wienwork.at

02

생활재활시설

▲ 디스커버리 하우스 전경

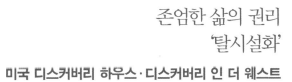

존엄한 삶의 권리
'탈시설화'
미국 디스커버리 하우스 · 디스커버리 인 더 웨스트

　장애인의 '탈시설화'에 관한 논의가 여느 때보다 뜨겁다. 열기만큼이나 각자의 입장도 첨예하다. 시설을 벗어나려는 장애인 당사자, 그에 대해 우려하는 가족과 지역사회, 언제나 뜨뜻미지근한 태도의 정부, 그리고 그들 사이의 좁혀지지 않는 온도 차. 과연 한국 사회에서 탈시설화는 가능한 것일까? 한국과는 다른 움직임을 보여주는 두 곳을 찾았다.

홀로서기를 돕는 '디스커버리 하우스'

　디스커버리 하우스(Discovery House)는 미국 캘리포니아주의 발달장애인들을 위한 비영리단체인 아크 프레즈노(Arc Fresno)에서 운영하는 공동생활가정(이하 '그룹홈')이다. 22~26세의 장애청년이 2년간 머물며 홀로서기에 필요한 지식과 기술을 습득하는 독립생활의 전초지이다. 정원은 4명. 현재 자폐와 다운증후군을 가진 청년 2명이 매주 25달러(약 2만 8000원)의 생활비를 지불하며 거주하고 있다.

▲ 개인의 취향을 반영한 거주인의 방

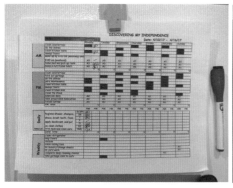

▲ 거주인 스스로 계획한 집안일 분담표, 긍정적 행동 강화를 위한 쿠폰함

이곳은 그룹홈 유형 중 사회적 통합과 자립 생활이 최대한 가능하도록 보장하는 '자립형'에 해당되며 담당 관리자가 주 1~2회 방문해 거주인들의 쇼핑과 요리를 돕는다. 단순히 물건을 구매하고 끼니를 때우는 수준이 아닌, 원하는 것과 필요한 것을 구분해 계산하고 신선한 재료로 건강한 식단을 짜는 방법을 배우며 독립 후의 삶을 준비한다. 사브리나 프라이스(Sabrina Price) 매니저에 따르면 자폐를 가진 거주인의 편식 성향도 이 과정을 통해 많이 개선되었다고 한다.

모든 규칙, 거주인 스스로 결정

집안의 모든 규칙은 거주인이 스스로 정한다. 거주인의 과도한 몰입을 예방하기 위해 여가 시간에 TV 시청이나 인터넷 사용을 절제하고, 함께 보드게임을 하는 것으로 의견을 모았다. 공동생활에 필요한 집안일 또한 협의를 통해 결정한다. 주어진 업무 외에 청소와 설거지 등 공동생활에 도움이 되는 행동을 쿠폰 지급으로 독려한다. 쿠폰으로 캔디나 연필을 구매하는 것부터 클럽에 가는 것까지 다양한 활동을 할 수 있다. 과연 효과가 있을까 싶어 물어보니 "행동 개선에 효과적이고, 거주인 스스로도 가장 만족도가 높은 제도"라고 한다.

2년의 훈련 기간을 거친 거주자는 지역사회로의 진입 후, 누구보다 안정된 삶을 영위하고 있으며 거주시설로 복귀하는 확률이 매우 낮다고 한다. 어렵고 힘들 거라 예상했던 발달장애인의 홀로서기가 현실이 되어 눈앞에 펼쳐지니 감회가 새로웠다. 이렇게 사연스러운 일들이 한국에서는 어찌 그리 더디고 고된 걸까? 가슴 한편이 아려왔다.

안전한 생활을 위한 '디스커버리 인 더 웨스트'

캘리포니아주 프레즈노의 한적한 시골 외곽. 영화에서나 나옴 직한 예쁜 집들이 옹기종기 모여 있는 이곳에 마스 그룹(Mars Group)이 운영하는 장애인 그룹홈이 위치해 있다. 18~59세의 중증 행동장애를 가진 성인들이 거주한다. 장애인들을 지역사회에 편입시키겠다는 주 정부의 방침에 따라 시설 입소자들이 대거 영입되었다. 4명의 거주자 중 3명도 기존 시설의 입소자이다. 공격성 장애와 조현병을 갖고 있는 거주인들의 연령은 20대(2명), 30대(1명), 50대(1명)이다.

캘리포니아주 발달장애서비스부(DDS: Department of Developmental Services)는 발달장애를 가진 개인이 지역사회에 편입되는 것을 지원하기 위해 CPP(Community Placement Plan) 펀드를 운영한다. CPP는 발달장애로 인해 지역사회 정착에 어려움을 겪는 개인들이 적응할 수 있도록 지원하는 기금으로 4명의 거주자들도 이 기금을 통해 월 1만 3000달러(약 1456만 원)를 지원받고 있다.

가장 효과적이고 만족도 높은 제도

그룹홈 운영의 가장 큰 목적은 지역사회 안에서 거주인들의 안전을 보장하는 데 있다. 자해와 폭력 성향을 가진 거주인들을 보호하기 위해 최소 3명의 관리자들이 팀을 구성해 24시간 3교대로 근무한다. 외부 프로그램이 많은 낮 시간에는 추가 인력을 배정해 안전에 만전을 기한다.

개인 공간을 제외한 모든 공공 구역에는 감시카메라가 설치되어 위험 상황을 사전에 예방할 수 있다. 가위, 칼, 포크처럼 날카로운 도구는 철저히 관리되며 15분마다 관리자를 통한 안전 점검이 이뤄진다. 1

◀ 위험 상황을 예방하기
위한 감시카메라

◀ 야외 활동을 할 수 있는
앞마당

◀ 거주인들을 위한
공동 거실

▲ 주변 이웃과 담 하나를 사이에 둔 뒷마당

시간에 4차례, 하루에 96회의 점검이 쉽지 않을 텐데도 관리자들의 얼굴에는 미소가 끊이지 않는다. 충분한 인력이 지원되어 모든 것에 "No problem"을 외치는 그들의 여유가 무척이나 부러웠다.

이곳의 또 다른 목적은 사회복귀를 지원하는 것이다. 거주자는 하루 2회, 아침·저녁으로 청소, 빨래, 설거지 등의 집안일을 맡는다. 요리는 관리자가 직접 하지만, 거주인은 반드시 보조 업무를 수행해야 한다. 또한 바람직한 행동을 강화하기 위해 '강화 메뉴(reinforcement menu)'를 만들어 긍정적인 행동을 독려한다. 이것만으로 실제 행동의 변화를 볼 수 있겠냐는 물음에 관리인 마리오 알바레즈(Mario Alvarez) 씨의 대답은 디스커버리 하우스와 동일했다. 이것이야말로 "가장 효과적이고, 만족도 높은 제도"라며 한국에도 적극적으로 도입할 것을 권했다.

거주인들과 담장 하나를 사이에 두고 살아가는 지역주민들의 반응이 궁금했다. "집을 설계하고 리모델링하기 전에 주변 이웃에게 알리고 협조를 구했습니다. 또한 위험상황 발생 시의 대처 방안에 대해서도 충분한 안내를 드렸어요. 실제 입주한 뒤에도 아무런 위험과 피해가 없다는 사실을 알게 되었고, 요즘은 건장한 관리자와 거주자들이 봉사활동을 통해 지역의 대소사를 도맡아 해결해 오히려 지역 주민들의 만족도가 높아졌습니다. 이렇게 이웃에게 많은 도움을 주고 있는데 무엇이 문제가 되겠어요?" 마리오 씨의 대답은 질문한 우리를 도리어 숙연케 했다.

탈시설화에 대한 오해와 편견은 어디서 비롯되었을까? 장애 유형과 장애 정도가 문제가 아니라 부실한 시스템과 부족한 지원이 문제이다. 탈시설의 실현 가능성을 논하기에 앞서 장애인에 대한 비뚤어진 편견을 바로 잡는 것이 선행되어야 하지 않을까? 한국 사회에서 탈시설화를 말할 때, 더 이상 장애의 중증 정도가 기준이 되지 않을 그날을 꿈꿔본다. 문제는 지원이지 더 이상 사람이 아니다.

백해림

디스커버리 하우스(Discovery House)
주소 4490 E. Ashlan Ave. Fresno, CA. 93726 (Loewen Achievement Center)
전화 559-226-6268

디스커버리 인 더 웨스트(Discovery In the West)
주소 12143 Ave 322 Visalia, CA 93291
전화 559-372-8470

누구나 살기 좋은 마을,
다카야마시

일본 다카야마시 무장애마을

'다카야마시, 누구나 좋은 마을 만들기'

다카야마시가 2005년 제정한 조례의 이름이다. 어떠한 내용을 담고 있는지 궁금해진다. 특히 '누구나'라는 단어가 마음에 와닿는다. 여기에 담겨 있는 의미를 생각해 보게 된다. 평등, 기회, 권리라는 단어들이 꼬리를 물고 떠오른다. '누구나 좋은 마을'은 장애가 있든 없든 나이가 많든 적든 개인의 상황이나 형편과는 상관없이 지역사회의 구성원으로서 누리며 살아가는 데 부족함이 없는 마을이 아닐까? 다카야마시가 무장애마을을 만들게 된 동기는 무엇이고 이를 위해 어떠한 노력을 하고 있을까?

다카야마에서 무장애마을을 어떻게 만들어 가고 있는지 궁금한 마음을 갖고 시청으로 향했다. 다카야마 시청의 브리핑 장소에 도착하니 방문을 환영하는 안내판과 함께 무장애마을을 담당하는 다카야마 시청 기획과 직원인 와니 나오꼬(和仁奈緒子) 씨가 반갑게 맞이해 주었다.

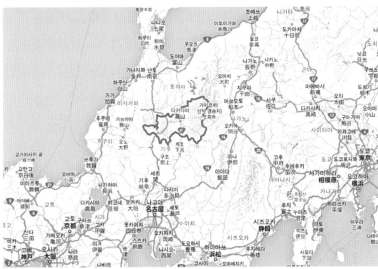

▲ 다카야마시 무장애마을의 전경
　보도의 높낮이차를 2cm 이하로 낮춘 덕분에 휠체어 장애인이 자유롭게 이동할 수 있다.
▲ 일본 중앙 기후현에 위치한 다카야마시는 노인이 많이 거주하는 지역이다.
　출처: Google 지도

다카야마시에 대한 소개를 시작으로 무장애마을 조성사업에 대한 설명을 들었다.

다카야마시는 면적 2177km², 인구 9만 4천 명의 작은 도시이다. 면적의 92% 정도가 산림으로 되어 있고 일본에서 해발 3000m 이상 되는 21개의 산 중에서 11개가 다카야마시에 위치해 있을 만큼 높은 곳에 위치해 있다. 다카야마라는 이름이 한자로 고산(高山)인데 이름 그대로 높은 산의 도시이다.

불편함을 듣는 일에서 시작된 변화

일본은 전체 고령자 인구 비율이 높아 23%를 차지한다. 다카야마시의 고령자 비율은 29.2%로 일본 평균보다 훨씬 높다. 고령화로 인해 시력과 청력이 약해지고 거동이 불편해져 신체적으로 어려움을 겪는 인구가 증가했다. 다카야마시는 매년 304만 명의 관광객이 방문하는 관광도시이기도 하다. 와니 나오꼬 씨는 "고령자와 장애인, 마을을 방문하는 관광객이 쾌적하게 생활할 수 있도록 장벽 없는 마을을 조성하기 시작했다."고 무장애마을의 취지를 설명했다.

무장애마을을 조성하기 위해 가장 먼저 시작한 일은 모니터투어를 통해 장벽이 무엇인지에 대한 의견을 모으는 일이었다. 모니터투어는 외부인으로 구성해 진행하는데 지역주민이 아닌 외부인을 참여시켜 의견을 듣는 이유는 무엇일까? 와니 나오꼬 씨는 "지역주민은 현재의 환경에 익숙해 불편한 점을 민감하게 느끼지 못하고 불편한 점을 발견하더라도 시청에 허심탄회하게 의견을 개진하기에는 어려움이 많기 때문"이라고 말한다. 현재까지 모니터투어는 32회 실시하고 500여 명이 참여했다.

무장애마을로 변해가다

모니터투어를 통해 가장 많이 나온 의견은 차도와 인도 사이의 높낮이차였다. 높낮이차 때문에 휠체어 장애인은 상점에 들어갈 수 없었다. 그래서 먼저 시작한 일은 도로 정비. 예산이 제한적인 탓에 전 지역을 할 수 없는 한계로 사람이 가장 많이 다니는 JR 다카야마역 10km 반경을 우선적으로 정비하기 시작했다. 5cm 이상이었던 높낮이차를 낮추고, 차도 폭을 좁히는 대신 인도 폭을 넓혀 휠체어가 다닐 수 있도록 공간을 확보했다.

시각장애인 점자블록에 열선을 설치해 눈이 오면 녹게 하고 우수관의 구멍을 작게 만들어 휠체어, 유모차, 케인 사용에 불편함이 없도록 했다. 물론 비나 눈이 많이 올 경우에는 구멍이 큰 우수관으로 교체할 수 있도록 제작해 발생할 수 있는 문제를 예방했다.

높낮이차를 완전히 없앴더니 시각장애인이 불편함을 호소했다. 높낮이차를 2cm 이하로 높여 차도와 인도를 구분했다. 시각장애인과 휠체어 장애인 모두에게 이동의 불편함이 없도록 조정한 것이다. 사업을 진행하면서 종종 발생하는 예기치 못한 상황을 지혜롭게 대처하며 무장애마을로 변화하기 위해 지금도 노력하고 있다.

화장실도 달라졌다. 장애인과 고령자는 쉽게 이용할 수 있는 화장실이 없으면 심리적으로 상당히 불안해하고 실제적인 어려움도 겪게 된다. 화장실을 정비하는 것도 도로 정비와 함께 중요한 사업으로 선정해 진행했다. 처음에는 휠체어 이용이 편리한 화장실을 조성했으며 지

◀ 휠체어의 진입이
편리하도록 높낮이차를
낮춘 상점을 많이 볼 수
있다.

◀ 차도 폭을 좁히고 보도 폭을
넓혀 이동 공간을 확보했다.
경계석이 있으나 중간중간
휠체어가 건너갈 수 있도록
했다.

◀ 휠체어 이동에 방해가 되지
않도록 구멍을 작게 만든
배수구. 손잡이로 쉽게 들
수 있어 비나 눈이 많이 올
경우 배수가 잘된다.

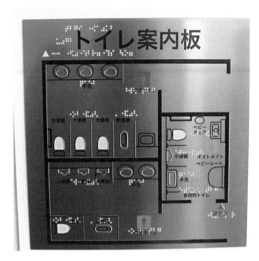

◀ 시각장애인들이 화장실을
이용하기 편리하도록 화장실 문
앞에 촉지도를 설치했다.

▲ 장애인 누구나 이용할 수 있도록 조성된 다목적 화장실의 내부. 장루·요루장애인을 위한 시설도 눈에 띈다.

금은 어린이와 고령자, 장루·요루장애인까지 편리하게 이용할 수 있는 다목적 화장실로 바뀌 가고 있다. 공중화장실 158개 중에서 88개를 다목적 화장실로 개보수했다.

마음을 같이 하고 협력해 이뤄가는 곳

무장애마을을 조성하는 일은 다양한 영역에서 이루어진다. 시청에서는 전반적인 내용을 기획과가 주관하고 도로 정비는 유지과, 공중화장실은 하수도과, 민간시설은 복지과 등 여러 부서가 협력해서 일을 진행한다. 지역에서는 공공과 민간이 무장애 공간을 함께 조성해야 마을 전체가 변할 수 있다. 이를 위해 지역주민에게 홍보하고 참여를 독려해 공공과 민간이 함께 하려고 노력한다. 특히 민간시설에서 참여 의사를 밝히면 시에서 총 비용의 절반을 200만 엔(약 2000만 원) 한도 내에서 지원하는 제도를 마련해 지역주민들의 참여를 독려한다.

다카야마시 무장애마을이 어떻게 달라졌는지 현장을 확인했다. 듣던 대로 도로는 높낮이차가 없거나 낮았고 다목적 화장실로 정비된 공중화장실을 곳곳에서 만날 수 있었다. 더욱 눈에 들어온 것은 많은 상점에 휠체어가 들어갈 수 있도록 턱이 없거나 경사로가 있다는 점이었다. 우리나라에서는 휠체어가 들어갈 수 있는 곳을 발견하기가 상당히 어려운 편인데 말이다.

숙소인 다카야마 그린호텔(高山グリーンホテル)도 장애인이 편리하게 이용할 수 있는 '유니버설룸'을 운영한다. 호텔 측의 허락을 받고 내부를 살펴볼 수 있었다. 휠체어 장애인이 이용하기 편하도록 출입구, 화장실, 욕실, 스위치의 위치 등 세심하게 배려해 정비되어 있었다. 유니

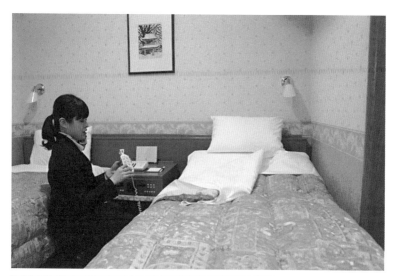

▲ 다카야마시 그린호텔의 장애인 전용 객실에는 높낮이 조절이 가능한 장애인 침대가 설치되어 있다.
▲ 화장실에는 휠체어 장애인이 편리하게 이용할 수 있도록 손잡이를 볼 수 있다.

▲ 휠체어를 비롯한 보조기구에 탄 채로 즐길 수 있도록 개발된 휠체어 그네는 세종마을 푸르메센터와
  과천시장애인복지관에서 만날 수 있다.

버설룸은 인기가 많다고 한다. 우리가 머무는 동안에도 손님이 계속 이
용하고 있어 하나 남은 빈방을 둘러봐야 했을 정도였다.

누구나 살기 좋은 마을을 만들기 위해

　일본은 장애를 이해하고 함께 어울려 살아가는 일에 마음을 두고
실천하는 곳이라는 생각을 하게 된다. 서울에서 열린 '제2회 서울시 유
니버설디자인 국제세미나'의 일본 사례가 떠오른다. UD 컨설턴트인
모치즈키 노부아키 씨가 '놀이와 만나는 UD_동경디즈니랜드 사례를
중심으로'라는 주제로 동경디즈니랜드에서 장애인 고객을 배려한 여러

가지 사례를 발표했다. 휠체어 장애인과 어린이들을 위해 호수에서 벌어지는 쇼 관람석에 설치된 사람 가슴 높이의 펜스를 낮춰 모두가 즐길 수 있도록 노력한 이야기가 인상적이었다.

많은 힘을 들이지 않고 손쉽게 할 수 있지만 관심이 없어서 생각도, 실행도 못하는 일들이 있다. 관심과 배려로 함께 어울릴 수 있는 환경을 만들어 줄 수는 없을까? 2014년 12월, 세계적인 성악가 조수미 씨가 푸르메재단에 휠체어 그네를 기증하게 된 과정이 그렇다. 장애어린이들에게 휠체어 그네를 선물하고 싶었던 조수미 씨는 국내에 제작하는 곳이 없어서 수소문 끝에 아일랜드 제조회사에 주문해 어렵게 들여왔다고 한다. 우리나라에 휠체어 그네가 없는 이유가 단지 휠체어 그네를 제작하는 기술이 부족하기 때문은 아닐 것이다. 아마 우리의 관심과 배려가 부족한 결과일 것이다.

편리한 시설을 만들어 놓으면 많은 사람들이 지역사회를 찾아 누릴 수 있겠다는 생각이 머리를 맴돈다. 장애로 인한 불편함 없이 누릴 수 있는 환경을 만드는 것이 중요하다는 사실을 새삼 느낄 수 있었다.

불편함을 느끼는 사람을 생각하고 무장애마을을 조성하고자 뜻을 두고 추진했다는 것이 참 부럽다. 그 뜻이 현실로 이뤄져 지역사회의 변화를 조금씩 이끌어 가고 있고, 지금도 계속해서 진행하고 있다는 것에 감탄한다.

푸르메재단과 종로장애인복지관이 위치한 종로구도 역사적으로 오래된 지역이며 국내외 관광객을 비롯해 유동인구가 많다는 점에서 다카야마시와 유사하다. 푸르메재단이 있는 종로구 내 서촌 지역(세종마을)에서부터 물리적·정서적 장벽을 허물어 무장애마을로 만들어 가면 좋겠다는 생각이 들었다. 서촌은 낡고 오래된 한옥과 현대식 카페·공방이 공존하는 곳으로 정취와 멋을 느끼러 방문객이 많이 찾는다. 하지만 골목이 좁고 턱이 높아 정작 휠체어를 탄 장애인이 들어갈 수 있는 곳은 별로 없다. 무장애마을이 필요한 이유다. 우리가 조금씩 변화시켜 한 사람이라도 더 살기 편리한 마을을 만든다면, 결국 누구나 살기 좋은 마을로 변화할 것이라고 생각한다.

김상현

다카야마 시청(高山市)
주소 岐阜県高高山市花岡町2丁目18番地
전화 0577-32-3333
홈페이지 www.city.takayama.lg.jp
이메일 n.wani@cit y.takayama.lp.jp

국내에서 처음으로 만들어진
휠체어 그네

　세계적인 소프라노 조수미 씨는 국내외를 가리지 않는 활발한 기부 활동으로도 널리 알려져 있다. 그중 최근 화제가 되었던 것이 바로 '휠체어 그네' 기증이다.

　조수미 씨가 처음 휠체어 그네를 접한 것은 2012년 호주의 쿠메리 장애어린이학교에서 중증장애학생이 휠체어 그네를 타며 즐거워하는 모습을 보았을 때다. 조수미 씨는 국내에도 이런 그네가 있었으면 좋겠다는 생각에 기부를 결심하고 사진도 여러 장 찍어왔다고 한다.

　그러나 당시 국내에 장애어린이를 위한 휠체어 그네를 제작하는 곳은 한 곳도 없었다. 결국 수소문 끝에 2014년 아일랜드 업체에서 제작한 것을 구입해 기증하게 됐다. 즐거워하는 아이들의 모습을 본 조수미 씨는 2015년, 2016년에도 연이어 휠체어 그네를 기증했는데, 이번에는 국내 업체에서 생산할 수 있었다. 국내에서 처음으로 만들어진 휠체어 그네인 것이다.

　우리나라에 휠체어 그네가 없었던 이유가 기술이 부족해서는 아니었을 것이다. 세상을 변화시키는 실천은 때때로 작지만 깊은 관심에서 출발한다.

장애인이
마을의 중심에 서다
독일 프란치스쿠스베르크 쉔브룬

독일 남부 뮌헨에서 북쪽으로 30여 km 올라가면 프란치스쿠스베르크 쉔브룬(Franziskuswerk Schönbrunn)이라는 장애인 마을을 만날 수 있다. 오랜 역사를 통해 독립적인 운영체계를 구축한 장애인 마을. 우리가 닮아 가야 하는 모습이 무엇인지 찾아보고 장애인이 지역사회 내에서 자립할 수 있는 구조를 그려볼 수 있는 곳이었다.

장애인의 눈높이에서 출발한 생활 공동체

프란치스쿠스베르크 쉔브룬은 150여 년 전에 문을 열었다. 마을의 한 백작 부인이 작은 건물을 지어 프란치스쿠스 수녀회에 기부하며 장애인 구제활동이 시작되었다. 1933년 나치의 장애인 말살 정책으로 장애인 60여 명이 희생되며 위기가 찾아오기도 했다. 운영상의 어려움을 겪었던 프란치스쿠스 수녀회는 1970년대에 바이에른주 정부 산하 복지기관에 대부분의 사업을 이관해 현재까지 이어 오고 있다. 마을의 부

▲ 프란치스쿠스베르크 쉔브룬 장애인 마을에서 주민들이 일터로 가고 있는 모습

▶ 마을 어귀에서 우리를 반기는 구조물인 '마이바움'.
   높이 솟아 있어 올려다 보기도 힘든 구조물의 기둥
   양쪽에는 마을을 표현하는 여러 그림들이 달려 있어
   특색을 알 수 있다.

지와 건물은 수녀회가 소유하고, 주 정부에서 장애인의 주거생활을 위해 보조금을 지급한다.

초기에 학교 기능이 중심이 된 공동체는 장애인을 돌보는 사람들이 늘어나고 장애인의 유입이 늘어나면서 점차 마을의 형태와 기능을 갖추게 되었다. 주택과 학교는 물론, 병원, 상점, 일터, 소방서 등 필수적인 요소들이 갖춰져 한 사회를 이루고 있었다.

대부분의 주민들은 낮은 층수의 오래된 아파트에 살고 있는데 이마저도 포화상태에 이르렀다. 장애인 자녀를 돌보기 위해 비장애인인 부모는 함께 살 수 있지만 장애인 부모를 모시기 위한 비장애 자녀들의 동거는 허락되지 않는다.

학교에서는 UN장애인권리협약에 따라 비장애인 10명당 장애인 2명이 통합 수업을 받고 있다. 인근 협력학교를 통해 소그룹 통합교육도 병행한다. 또한 일반적인 교과과정 이외에 장애어린이 개개인의 특성을 파악한 방과 후 프로그램, 언어치료 등의 프로그램을 지원하고 있다.

교육, 생활, 문화를 넘어 경제 공동체를 이루다

독일이 1919년 제정한 '중증장애인 고용에 관한 법률(Verordnung uber die beschaftigung Schwerbeschadigter)'은 장애인 의무고용의 시초이다. 1974년 '중증장애인법(Das Schwerbehindertengesetz[SchwbG])'을 도입해 16인 이상의 근로자를 고용하는 사업주에게 6% 의무고용률을 적용했다. 2000년 '중증장애인실업퇴치법'에 따라 20인 이상을 고용한 모든 사업주(공공부문과 민간부문)에게 중증장애인 의무고용률 5%를 강제해 장애인복지를 후퇴시켰다는 비판을 받기도 했다.

▲ 나치의 장애인 말살 정책으로 희생된 사람들의 이름을 적어놓은 기념비.
매년 1월 28일이 되면 희생자들을 위한 추모예배가 열린다.

◀ 주민들이 편하게
이용할 수 있는
공간임을 알리는
표지판. 다양한
장애를 가진
사람들과 아이들의
눈높이에 맞춰
표현된 그림이 눈에
들어온다.

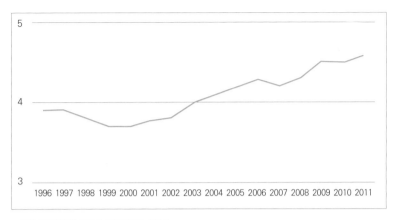

▲ 독일 중증장애인 고용률 추이(1996~2011)
   출처: 주요국가의 의무고용제도 사례연구-프랑스, 독일, 일본을 중심으로, 한국장애인고용공단, 2013

　분명한 사실은 독일 연방노동청(Bundesagentur für Arbeit)에서 제공하는 통계자료에 따르면 2000년대 이후 독일의 중증장애인 고용률은 꾸준히 증가하고 있다는 것이다.

　아래 표의 2011년을 보면, 공공부문 고용률은 6.5%로 장애인 의무고용률 5%를 초과달성했으나 민간부문 고용률은 4%로 의무고용률에 못 미친다. 하지만 2002년에서 2011년까지 공공부문만큼은 아니더라도 민간부문 역시 미세하게 증가하고 있다. 독일은 공공부문에 있어서

▼ 독일 중증장애인 의무고용률 추이(2002~2011)

구분	2002	2003	2004	2005	2006	2007	2008	2009	2010	2011
민간부문	3.4	3.6	3.7	3.7	3.7	3.7	3.7	3.9	4.0	4.0
공공부문	5.2	5.4	5.6	5.7	5.9	6.0	6.1	6.3	6.4	6.5
전체	3.8	4.0	4.1	4.2	4.3	4.2	4.3	4.5	4.5	4.6

출처: 주요국가의 의무고용제도 사례연구-프랑스, 독일, 일본을 중심으로, 한국장애인고용공단, 2013

▲ 층별로 이론교육과 실습교육이 동시에 이루어지는 훈련 공간이 마련되어 있다. 장애학생들은 실제 취업현장과 동일하게 구성된 훈련 공간에서 사회로 나갈 준비를 한다.

도 의무고용률 미달 시 부담금을 부과하는 등의 다양한 정책과 프로그램을 시행하는데, 이러한 공공과 민간의 지속적인 노력이 장애인 고용률을 높였으리라고 본다.

프란치스쿠스베르크 쉔브룬의 주 도로와 인접한 지역에도 장애인 고용을 위한 다양한 기업들이 자리하고 있다. 택배 물류, 원목 가구, 생활의류 등 다양한 업체에서 375명의 장애인이 생산 활동에 참여하고 있다. 파트타임으로 일하는 125명은 청소, 스티커 작업 등 단순 소일거리를 맡고 있다. 장애 유형과 정도, 작업수행능력, 개별 특성 등에 맞춰 작업이 선택되고 각 작업은 그룹(시설)이 지어져 진행된다. 인근 마을에 거주하며 출퇴근하는 장애인도 다수 있다.

그중 원목 가구를 제작하는 시설에서는 장애인 16명과 비장애인 2명이 고급 원목으로 기성품인 의자와 가구를 만든다. 여기서 생산된 제품은 글로벌 네트워크인 '아마존' 웹사이트를 통해 온라인으로 판매된

▲ 원목 가구 생산과 판매가 조화를 이루고 있는 장애인 생산시설, 글로벌 온라인 판매 사이트에서 판매될 정도로 고품질을 자랑하는 원목 가구

다. 우리나라의 장애인들이 주로 DIY(Do It Yourself) 방식의 조립형 가구를 구매해 각 단계에 맞춰 조립한다면, 이곳의 장애인들은 할 수 있는 일을 분담해 고급 원목 제품을 생산하고 있다. 품질이 다른 회사의 상품과 견줄 정도로 완성도가 높은 편이다.

원목 제품의 수요가 급격히 늘어나는 시기는 3~5월. 2월까지는 제품을 완성해야 넘치는 수요를 감당할 수 있다고 한다. 목재 가루 등의 먼지를 찾아보기 힘들 정도로 환기시설과 장애인 편의시설, 눈높이에 맞춘 정리 시스템, 안전장비와 보호구 등이 잘 갖추어져 있었다.

마을의 다양한 기업에서 근무하는 장애인들은 8개의 산출지표를 통해 직무분석과 업무 평가를 받는다. 급여는 평가에 따라 책정된다. 한국의 장애인 직무분석표도 이와 유사하다. 프란치스쿠스베르크 쉔브룬 마을의 장애인이 받는 평균 월급은 70~500유로(약 10~70만 원). 주정부와 독일연금보험 등에서 주거와 생계비를 지원하고 있는 점을 감

구분	관리자	전문가 및 관련 종사자	사무 종사자	서비스 종사자	판매 종사자	농림어업 숙련 종사자	기능원 및 기능 종사자	장치기계 조작 및 조립	단순 노무 종사자	미분류	계
장애인	2.1	2.6	10.6	2.4	2.2	0	1.9	11.3	20.5	47.3	100
전국비율	1.5	19.7	16.6	10.1	12.0	6.4	8.8	11.7	13.1	–	100

출처: 1. 1/4분기 장애인구, 구직 및 취업동향, 한국장애인고용공단, 2013.
    2. 2013년 6월 기준 경제활동 인구조사, 통계청, 2013.
    3. 중증장애인 직업재활 지원사업 성과와 발전방안, 한국장애인개발원, 2013.

안하면 추가적인 생활비를 버는 셈이다.

한국을 보자. 장애인 전체 근로자 대비 단순노무직 비율이 20.5%로 가장 높은 반면 전문가와 기능 종사자는 각각 2.6%, 1.9%로 전문직 비율이 현저히 낮다.

독일의 장애인 경제활동 분야에 대한 정확한 자료는 없지만 '유럽 장애 전문가 학술 네트워크(ANED)'에 따르면 단순노무직 비율이 11.4%이고 다른 분야는 5.7%~8.9%의 고른 분포를 나타내고 있다. 장애인이 여러 분야에서 활동할 수 있는 교육과 훈련, 취업 기회가 제공되고 있음을 알 수 있다. 장애인이 분야별로 활동할 수 있는 직무분석과 공공·민간부문의 지원 프로그램이 절실히 필요한 이유이기도 하다.

장애인이 웃을 수 있는 마을

장애인이 안정적으로 탈 수 있도록 고안된 그네에 동네 아이들이 올라타 환한 미소를 짓고 있었다. 일상을 누리고 있는 주민과 아이들의 모습을 보면서 프란치스쿠스베르크 쉔브룬은 진정 장애인들이 환하게 웃을 수 있는 마을이라는 생각이 들었다.

▲ 그네에서 편안한 자세를 취하고 있는 어린이들

프란치스쿠스베르크 쉔브룬의 홍보책임자인 토비아스 우터(Tobias Utters)씨는 "더 이상 장애인만을 위한 마을이나 공동체가 아닌, 비장애인과 어우러질 수 있는 환경을 이끌어 내야 하는 상황에 직면했다."고 말했다. 장애인과 비장애인의 통합을 이야기하는 사회적 분위기에 귀를 기울여야 할 때이다.

'통합'은 푸르메재단이 마포구 상암동에 건립한 어린이재활병원도 계속 풀어 가야 할 과제이다. 어린이재활병원은 장애어린이만을 위한 공간이 아니다. 지역사회에 뿌리를 내려 지역주민과 함께 만들어 가는 공간이자 장애인과 비장애인 모두가 이용할 수 있는 공간이 되어야 하는 것이다. 푸르메재단의 어린이재활병원이 장애어린이들과 가족 그리고 지역주민이 웃으며 다닐 수 있는 병원으로 자리매김하길 바란다.

강정훈

프란치스쿠스베르크 쉔브룬(Franziskuswerk Schönbrunn)
주소 Viktoria-von-Butler-Str.2, 85244 Schonbrunn
전화 08139 800-0
홈페이지 www.franzisknwerk.de
이메일 tobias.utters@schoenbrunn.de

주민 모금으로 운영하는
장애인학교
오스트리아 잘츠부르크 장애인학교

오스트리아 잘츠부르크에 있는 장애인학교(Sonderschule für Körper-behinderte Kinder)에 들어섰을 때, 가장 먼저 현란한 광고 문구로 뒤덮인 통학 차량들이 눈길을 끌었다. 학부모 클럽에서 운영하는 승합차들이다. 학교는 광고물을 붙인 기업들로부터 광고료를 받는다.

잘츠부르크 장애인학교는 꽤 규모가 커 보이지만 학생 수는 30명에 불과하다. 5명씩 한 반을 구성해 6개 반으로 운영된다. 의무교육은 6세에서 15세지만 정부에 신청해 허가증을 받으면 3년 더 연장이 가능하기 때문에 이 학교에는 6세부터 18세까지 다양한 학생들이 다닌다.

회의실로 들어가자 오스트리아 연방 사회복지부 산하 잘츠부르크 담당관 라이문트 아르(Raimund Ahr) 씨가 우리를 맞았다. 그가 잘츠부르크 교육제도, 장애인학교의 재원조달과 역사에 대해서 설명했다.

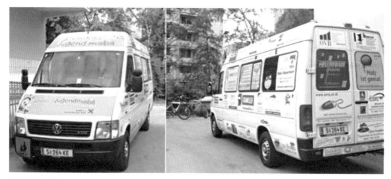

▲ 광고가 부착된 통학 차량
▲ 학교 건물

'장애인 문제는 나의 문제' ⋯ 주민참여로 운영

잘츠부르크의 통합교육은 두 가지 면에서 이루어진다. 하나는 오스트리아인과 외국인의 통합 문제이고, 다른 하나는 장애인과 비장애인의 통합 문제이다.

주민 중 21%가 외국인(2006년 1월 1일 기준)이기 때문에 자국인과 외국인의 통합을 위하여 일반 학교에 독일어 코스를 만드는 등의 노력을

구분	학생 수	장애인 학생 수
초등학교(1~4학년)	24	140(통합학교)
상위학교(5~9학년)	12	179(통합학교)
특수학교(1~9학년)	7	379
직업학교	6	
중학교	9	
고등학교	20	

기울이고 있다. 오스트리아에서는 유일하게 학교에 들어가기 전에 미리 교육시키는 제도를 마련하고 있다.

잘츠부르크 장애인학교는 1980년에 생겼다. 지금의 학교 건물은 2003년 한 통신사로부터 사들여 개조한 것이라고 한다. 장애인학교의 재원이 특이하다. 장애인을 위해 모금한 주민부조가 큰 비중을 차지한다. '장애인 문제는 우리 문제'라는 인식 아래 한 사람당 0.05유로(80원)씩을 낸다. 이 밖에 정부 지원 등 1년에 총 20만 유로(3억 2000만 원)의 재원이 30명의 학생에게 투입되고 있다.

이어서 하네스 리글레(Hannes Liegle) 교장이 장애인학교의 시설에 대해 설명했다. 그는 오스트리아 장애인 교육의 산증인과 같은 사람이라고 한다. 그는 인근 탁삼 통합학교(Taxham Intergrationsschule)에서 장애인 교육을 시작했는데, 이곳에서 거의 최초로 오스트리아의 장애인 교육이 실시되었다고 한다.

잘츠부르크 장애인학교에는 6개 반에 8명의 교사가 있다. 6명의 담임 교사와 특수과목 교사 그리고 종교 교사가 각각 1명이고, 과목별로 선생님을 두지 않고 담임제로 운영한다. 이유는 담임제가 학생들을 파악하는 데 유리하기 때문이다. 교사 연봉은 4만 5000유로(7200만 원)다. 그 밖에 3명의 물리치료사와 2명의 작업치료사가 있다. 작업치료사는 특활 담당으로 오후에 학교에 온다. 그리고 학생들의 식사와 휠체어 이용 등을 도와주는 사람이 7명 있다. 그 외 관리인 1명, 청소 담당 2명이 있다고 한다.

잘츠부르크 장애인학교의 수업은 7시 50분에 시작해서 오후 4시에 끝난다. 학습은 수업, 치료, 학습, 자유 시간 등으로 구성된다. 학생들은 1년에 두 번 의사로부터 진단을 받는다. 이때 의사는 학생들이 다른 학생과 잘 어울려 지내는지 여부까지 점검한다. 학부모는 오후에 진행되는 추가 수업에 대해서만 비용을 지불한다고 한다.

커뮤니케이션 교육 강조

교육은 의무교육과정과 신체장애를 위한 교육과정으로 나뉜다. 중증장애인의 경우 의무교육과정에서도 읽고 쓰기에 중점을 두는 것이 아니라 자립 생활에 필요한 것을 주로 교육한다.

신체장애 교육과정에는 ① 다른 사람과의 의사소통교육 ② 컴퓨터 교육 ③ 운동교육(일반 학교의 체육과 달리 혼자서 화장실 가기 등 일상생활에 필요한 것을 가르치고 특수 장치를 이용하여 움직일 수 있도록 돕는다) ④ 수영교육이 있다.

2주에 한 번씩 실시하는 수영교육 때는 학생들이 시설이 있는 곳으로 한꺼번에 방문한다. 특수학교 안에 수영장을 건설하자는 계획도 세웠으나 아이들이 너무 갇혀 지낸다는 의견이 대두돼 외부와의 접촉을 위해서라도 다른 시설을 이용하기로 결정했다고 한다.

학교에서는 신체장애인을 위한 다른 특별교육도 함께 이루어진다. 학교에 들어오기 전, 가정에 담당자를 파견해 학교생활에 대해 설명하고 "집에서는 이런 교육을 해달라."는 부탁을 한다. 담당 선생님 교육도 한다. 컨퍼런스도 개최하며 학생들에게는 적절한 학교를 판별하고 추천하기도 한다.

일반적으로 신체장애는 복합적으로 작용하는 게 많다. 신체장애와 지적장애가 함께 나타나는 경우가 많다. 뇌에 이상이 있는 경우, 선천성 이상, 호흡장애를 겪는 학생 등이 있다고 한다. 해가 갈수록 몸의 기능이 약해지는 학생도 있다. 학생들의 결석이 잦은데, 건강이 무엇보다 중요하기 때문에 몸이 아플 경우 집에서 쉬라고 한다. 감기라도 전염될 경우 위험한 학생들이 많기 때문이라고 한다.

반은 연령이 아니라 인지능력에 따라 나뉜다. 1년에 한 번, 반 편성을 새로 한다. 예민한 문제이기 때문에 학생과 선생님, 학부모의 신경전이 대단하다고 한다. 학생들은 상태에 따라 5명씩 한 반에 배치된다. 6개 반의 교실은 아이들의 상태에 따라 조금씩 다르다. 교실 안에 그네가 놓여 있는 등 놀이기구가 방의 중심을 차지하는 경우도 있고, 일반교실처럼 칠판과 책상이 한 방향을 향하여 놓여 있기도 하다.

작은 것도 놓치지 않는 배려

학생들이 피곤하면 언제라도 누울 수 있도록 한쪽에는 매트리스가 마련되어 있다. 아이들이 배고픔도 금방 충족시킬 수 있도록 교실마다 한쪽에 작은 부엌이 있다. 교실에 마련된 개수대는 아이들의 키에 맞춰

◀ 학생들이 그림책 교재로
수업하는 장면

◀ 한 학생이 수업을 받다 지쳐서
누워 있다.

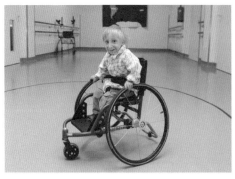

▲ 휠체어를 능숙히 다루는 크리스티앙 학생

높이를 조절할 수 있도록 했다.

　인지 정도가 높은 학생들의 반(11~15살 학생으로 구성)은 일반 학교의 교실과 비슷하다. 칠판 역할을 하는 스크린이 앞쪽에 놓여 있고, 학생들이 2명, 3명으로 나뉘어 두 줄로 자리에 앉는다. 학생들이 앉은 자리에는 책상에 모니터가 부착된 특별 제작 컴퓨터가 놓여 있다.

　이제 막 입학한 어린 학생들은 선생님 주위에서 공부를 한다. 한쪽에 놓인 옷걸이의 옷과 가방이 앙증맞다. 방문단이 이 교실로 들어서자 한 아이가 갑자기 휠체어를 타고 돌아다니기 시작한다. 8세인 크리스티앙이라는 이 아이는 몸무게가 신생아와 비슷한 3.5kg이라고 한다. 가냘프지만 휠체어를 다루는 것도 능숙하고 힘도 세서 방향을 자유자재로 바꾼다. 크리스티앙은 돌아다니다가 자신이 공부하고 싶을 때 "공부할래요."라며 선생님에게 다가간다. 선생님이 이리 오라고 하자 정확하게 "나인(Nine: 아니요)"이라고 말한다.

　같은 반 학생인 칼라가 컴퓨터 앞으로 가서 컴퓨터를 켜고, 자신이 작업한 문서를 프린트해서 우리에게 건네준다. 칼라는 읽을 줄 아는데 말을 하지는 못한다. 칼라가 작업하는 컴퓨터가 특이했다. 왼쪽 편으로는 공 모양의 마우스가 있어서 그것으로 손쉽게 원하는 위치로 갈 수 있다. 키보드 자리에 단단한 조각이 놓여 눌리지 않도록 하기 위한 배려로 보인다.

　음식 만들기를 연습하는 교실에는 조리도구를 갖추고 있다. 무엇보다 학생들이 혼자서 생활할 수 있도록 하는 것이 목표이기 때문에 중요한 수업이다. 오븐은 아래쪽에 놓여 있다. 조리도구의 탁자는 돌려서 높낮이를 맞출 수 있다. 불판은 음식을 데울 때에도 뜨거워지지 않도록 특별하게 설계되었다. 찬장은 밑에서도 무엇이 놓여 있는지 볼 수 있도록 유리로 만들어졌다.

공동으로 사용하는 화장실에는 특이하게 생긴 낮고 작은 개수대가 있었다. 장애 정도에 따라 각자 알맞은 것을 사용할 수 있도록 배려했다고 한다. 누워서 샤워할 수 있는 도구도 마련되어 있다.

그 외에도 작은 배려들이 눈에 띈다. 복도에 여러 가지 재질의 것들을 놓아서 아이들이 걸으면서 느끼도록 한다. 휠체어 아동을 위해서 자동문을 설치해 놓았는데, 위험에 대비해 선을 그어 놓고 선 밖에서 기다리도록 해 놓았다.

통합교육의 선택권은 장애인 학생에게 있다

장애인 학생이 원한다면 일반 학교에 들어갈 수 있다. 그것이 원칙이다. 잘츠부르크에는 청각장애와 언어장애 학교는 있지만 시각장애 어린이를 위한 특수학교는 없다. 시각장애인 학생은 통합학교에 다닌다. 그럴 때 부모들의 역할이 굉장히 중요하다. 이때 학생들의 진로상담을 해 주는 것이 장애인학교 리글레 교장의 역할이기도 하다.

리글레 교장은 또 인근 탁삼 초등학교로부터 자주 상담 요청을 받는다고 한다. 장애인학교에서 차로 10분 거리에 있는 알프레드 벡 탁삼 초등학교(Volksschule Alfred Bäck Taxham, Intergrationsschule)는 오스트리아 통합학교의 초기 모델이다. 1969년에 설립된 이 학교는 1975년에 통합과정이 설치되었다.

장애어린이들이 온다는 방침이 정해진 직후의 통합교육 초기 상황을 설명해달라고 하자 탁삼 초등학교 사비네 로이더(Sabine Roider) 교

◀ 탁삼 초등학교
  현관

◀ 통합교육이
  이루어지는 교실

장은 "장애아동을 수용한다고 손해 보는 게 없었기 때문에 항의는 전혀 없었다. 오히려 장애아 부모의 요구를 수용해 이들을 받게 되었다. 내 아이도 비장애 아이들과 함께 공부하게 해 달라, 아이들이 잘 지낼 수 있도록 시설을 갖춰 달라는 요구가 많았다."고 회고했다. 통합교육이 실시되면서 이 학교에는 엘리베이터가 설치되고 물리치료실과 작업치료실 등이 갖추어졌다.

탁삼 초등학교에는 257명의 학생 중 19명의 장애인 학생이 있다. 신체장애, 지적장애, 행동장애 등 장애 유형은 다양하다. 이 중 3명은 3

개 반에 1명씩 배치되어 있다.

장애아로 특별하게 인식되는 게 싫다는 부모의 요구에 따라 한 반에 한 명씩만 배치되었다. 그 외 16명의 학생은 한 반에 5~6명씩 배치된다. 장애아가 있는 반에는 일반 교사 외에 한 명의 특수 교사가 배치된다. 장애인 학생들은 통학차로 등하교를 하는데 이 비용은 시에서 지원한다고 한다.

"비장애인 학생들이 장애인 학생을 잘 도와주느냐?"는 질문에 사비네 교장은 "도움 없이 해야 된다고 가르친다."고 말한다. "비장애인 학생에게도 도와줘야 한다고 가르치지 않는다. 비장애인 학생들에게 장애인 학생과 어울리는 방법을 스스로 알아내게 한다."는 것이다.

예를 들어 '2주 후에 야외농장에 가는데 휠체어 타는 학우를 어떻게 할 것인가'하는 문제는 학습회의 등을 통해서 결정하도록 한다. 글씨를 읽을 수 있지만 생활에 다른 도움이 필요한 학생이 스스로 판단해 장애인학교로 옮긴 경우도 있었다고 한다.

사비네 교장의 안내로 학교를 둘러보았다. 체육관에서 체육 수업을 하고 있는 통합반을 참관했다. 이 반은 9살 학생들 반으로 총 20명 중 7명이 장애어린이다.

다운증후군과 행동장애, 지능장애 등의 학생이 포함되어 있다. 체육 교사가 수업을 진행하는 동안 특수 교사가 계속 수업을 지켜보고 있었다.

장애인 학생이 하교한 뒤, 집에서의 상황도 중요하기 때문에 연방주와 시가 절반씩 재원을 조달해서 지원한다고 한다. '휠체어가 필요하다'는 등 의사의 진단서가 있으면 지원을 결정한다. 시각장애인 학생에게 듣는 것만으로 컴퓨터를 조작할 수 있는 컴퓨터를 지원하는 것도 여기에 포함된다.

구둘래

잘츠부르크 장애인학교(Sonderschule für Körper-behinderte Kinder)
주소 General-Keyes-Straße 4, 5020 Salzburg, Austria Schulkennzahl: 501103
전화/팩스 0662-42-69-86
홈페이지 www.kb-schule.salzburg.at
이메일 direktion@kb-schule.salzburg.at

알프레드 탁삼 초등학교(Volksschule Alfred-Bäck Taxham)
주소 Otto-von-Lilienthal-Straße 1, 5020 Salzburg
전화 0662-43-36-77
홈페이지 www.vs-taxham.com
이메일 direktion@vs-taxham.salzburg.at

장애인 문화예술의 저력
미국 크리에이티브센터

"올해로 40주년을 맞는 크리에이티브센터(The Creative Center)에 오신 것을 환영합니다. 센터는 총면적이 3에이커(약 3672평)이지만 이곳의 임대료는 연간 1달러입니다."

3000평 넘는 센터, 연간 임대료가 1달러

크리에이티브센터 메릴린 미첼(Marilynn Mitchell) 이사장의 이야기를 듣고 매우 놀랐다. 샌프란시스코는 2016년 1베드룸 기준으로 월 3400달러(약 412만 원)로 뉴욕을 제치고 임대료가 가장 비싼 지역이다. 이곳에서 400km나 떨어져 있긴 했지만 연간 임대료가 고작 1달러라니.

바이올렛 긴스버그(Violet Ginsberg) 여사가 1977년 설립한 크리에이티브센터는 2차 세계대전 당시 미군의 전초기지인 캠프 배빗(Camp Babbitt) 안에 있던 도금공장, 얼음공장, 헛간, 창고 공간을 활용해 문을 열었다. 1978년 '장애인훈련센터'에서 지금의 '장애인창작센터'로 명칭

▲ 장애인 문화예술 창조 공간 크리에이티브센터

을 바꿔 연간 100명의 장애인이 이용하는 다양한 문화예술 창작 전용 시설로 발전했다.

센터는 지자체인 바실리아(Visalia)와 연간 1달러의 임대계약을 맺고 다양한 활동을 벌이고 있다. 임대료가 1달러인 이유에 대해 메릴린 이사장은 "장애인의 문화예술에는 그들의 땀과 노력의 소중한 가치가 담겨있기 때문에 센터의 공익적인 활동과 역할에 대해 지자체가 정한 가장 합리적인 임대료"라고 설명한다.

수준 높은 공연 선보여 매회 400명 넘는 지역주민 관람

무대에 공연을 올리기 위해 길게는 7년을 연습하는 장애인 예술가들의 열정을 그 예로 들었다. 이런 과정을 통해 준비된 공연에는 매회 400명이 넘는 지역주민들이 공연장을 가득 메우고, 관람료도 5달러(약

◀ 메릴린 이사장

6000원)가 넘는 수준 높은 작품을 선보여 지역주민들에게 문화적인 만족감을 준다고 한다. 메릴린 이사장은 "바로 이런 것이 장애인이 비장애인들에게 주는 문화적 역통합"이라고 강조했다.

문화예술창작활동 프로그램 외에도 합창과 핸드벨, 무용, 컴퓨터 교육, 요가활동 등의 프로그램이 있다. 수준 높은 체육활동 서비스도 제공되어 전체 인원의 50%가 스페셜 올림픽에 참가할 정도라고 한다.

프로그램은 개별과 그룹으로 나눠지며 장애인 8명과 지도교사 1명이 하루 2개 수업씩 오전 7시 30분부터 오후 3시 30분까지 진행된다. 이용자의 대부분은 발달장애인이다. 프로그램 강사 18명은 문화예술과 심리학 학위 소지 전문가들이다. 하지만 행정과 프로그램을 지원하는 직원은 모두 무급 자원봉사자라는 얘기에 다시 한 번 감탄할 수밖에 없었다.

제임스 지슬러(James Ziessler) 씨는 은퇴한 뒤 8년 전부터 장애인들에게 찰흙과 철제를 이용한 조형예술을 가르치고 있다. 1년 단위로 진

▲ 무대에서 공연 중인 장애인 예술가
▲ 미술활동을 하고 있는 장애인 예술가
　출처: 크리에이티브센터 홈페이지 www.thecreativecenter-visalia.org

행되는 모든 프로그램은 장애인의 욕구와 재능에 따라 교육기간이 조정된다고 한다. 제임스 씨는 "장애인들의 예술적 감각과 창의성에 대해 매일 놀란다."고 말한다. 특히 장애인들이 만드는 조형 작품은 지역주민들에게도 독창성을 인정받아 매년 열리는 5km 자선마라톤에 장애인들이 만든 도자기 메달이 사용되고 있다.

장애인 창작 활동을 안정적으로 지원하는 시스템

이런 다양한 활동을 통해 창작된 예술작품들은 센터 내에 마련된 존 긴스버그 갤러리(John Ginsburg Gallery)에 전시된다. 지역주민들이 언제든지 관람할 수 있으며 바실리아 지역의 당당한 문화공간으로 자리 잡고 있다. 전시작품 판매액의 85%는 작가에게 주어지며 15%는 재료비로 책정돼 작가의 경제활동에 지원된다. 하나의 작품을 팔아서 650달러(약 78만 원)의 수익을 낸 장애인도 있다고 한다. 장애예술인 양성과 경제활동을 동시에 지원하는 방식에서 미국 장애인의 창작활동을 안정적으로 지원하려는 센터의 세심한 노력이 엿보인다.

장애인을 문화예술인으로 양성하고 그들의 예술활동을 지원할 수 있는 또 다른 힘은 무엇일까? 그 물음에 대해 아만다 구아자르도 (Amanda Guajardo) 이사는 명쾌한 답을 내놓았다. "지금 여러분이 서 있는 바닥을 봐 주세요. 붉은색 벽돌에는 우리 센터를 후원한 시민과 단체, 지역기업들의 이름이 새겨져 있습니다. 벽돌 한 장이 200달러(약 24만 원)입니다." 음악 콘서트, 와인치즈 파티, 공연행사, 슈퍼볼 결승선 날 5km 걷기행사, 크리스마스 음반 및 카드판매 등 다채로운 행사를 후원자들과 함께 진행한다고 한다.

▲ 조형예술 교육실

▲ 장애인들이 제작한 도자기 메달

▲ 다양한 작품들이 전시된 갤러리

▲ 후원자들의 이름이 새겨진 기부벽돌

크리에이티브센터의 2016년 연간 예산은 80만 달러(약 9억 2000만 원)로 83%는 비영리기관(NGO)인 CVRC(Central Valley Regional Center)를 통해 지원받고, 나머지 17%는 센터 작품 판매수익금과 모금, 지역 사회 기부금(매년 평균 약 3500만 원)을 통해 마련해 나가고 있다.

문화예술로 지역사회와 소통하는 크리에이티브센터

문화예술로 지역사회와 소통하고 함께하는 문화예술의 역통합 방법을 여실히 보여주고 있는 크리에이티브센터. 올해로 40주년을 맞이한 지금보다 앞으로의 40년이 더욱 기대된다.

문화예술 향유권은 장애인권리협약(UNCRPD)에 따라 UN이 천명한 모든 영역에서 차별 없이 누려야 하는 기본권이다. 한국은 2015년 4월 '장애인의 문화예술 활동 등에 차별을 느끼지 않도록 정당한 편의를 제공하고 그 대상 시설을 확대하는 법률'을 만들었으나, 문화예술시설의 이용과 편의시설 확충에만 제도적인 초점이 맞추어져 있는 것이 현실이다. 같은 해 11월 우리나라 최초로 '장애인문화예술전용시설(이음센터)'이 뒤늦게나마 개관해 이제 걸음마 단계이다.

　　미국은 비영리단체를 중심으로 40년 동안 장애인들에게 문화예술 활동교육, 전문 예술인 양성, 경제활동 지원, 지역 문화공동체를 단계적으로 조직해 온 반면 한국은 장애인 문화예술센터를 짓기 위해 375억 원을 한꺼번에 투자했다.

　　두 나라의 장애인 문화예술 정책의 차이를 보면서 그 넓은 간극이 하루빨리 메워져 모든 장애인이 문화예술을 기본권으로 향유하는 기회가 오기를 간절히 바란다.

채춘호

....

크리에이티브센터(The Creative Center)
creativecenter-visalia
주소 606 N Bridge St, Visalia, CA 93291
전화 559-733-9329
홈페이지 www.thecreativecenter-visalia.org

장애인과 비장애인이 함께 즐기는 캠프장

독일 바르타바일 어린이청소년 캠프장

"장애인이 편한 곳이면 누구에게나 편한 곳이다."

독일 어린이청소년 캠프 관리책임자 아이그너 디터(Aigner Dieter) 씨는 "바르타바일은 누구에게나 편리하고 행복한 곳"이라고 강조했다.

그의 안내로 바르타바일에 들어서자 푸른 숲속에서 아이들의 해맑은 웃음소리가 들려왔다. 웃음소리를 좇아 근처 놀이터로 다가갔다. 초등학교 5, 6학년으로 보이는 어린이 10여 명이 폐타이어로 만든 그네를 타며 즐거워하고 있다. 그런데 자세히 보니 그중 서너 명은 장애어린이였다. 장애 및 비장애어린이가 자연 속에서 한데 어울리는 곳, 이곳이 바로 바르타바일(Wartaweil Schullandheim)이다.

공식 명칭은 '만남과 교육의 장소 그리고 기숙사'다. 이름만 들어서 정확히 어떤 곳인지 얼른 이해가 되지 않았다. 방문하기 전에는 어렴풋이 우리의 '파주 영어마을'이나 서울대공원 같은 '놀이동산'을 연상했는데 이름만큼이나 특이한 곳이었다. 이곳에는 장애와 비장애어린이, 청소년들이 함께 보통 3박 4일의 일정으로 프로그램에 참가한다고 한다. 독일이 통합교육을 지향하는 만큼 학교나 지역사회에 있는 어린이 서클이 함께 온다면 자연스럽게 합동캠프가 된다. "바르타바일은 특별한 목적을 가지고 단기간 무엇을 배우는 곳이 아니라 자연 속에서 서로를 이해하고 함께 살아가는 방법을 배우는 곳"이라고 아이그너 씨는 설명했다.

장애인에게 편하면 모두에게 편하다

인솔 교사와 함께 독자적인 프로그램을 진행하는 경우도 있고 어린이들끼리 와서 이곳 교사의 지도로 프로그램에 참여할 수도 있다고 한다. 여름방학에는 초등학생 영어캠프 장소로 빌려주기도 한다. 유치원과 학교의 과외활동, 장애인 단체, 사회 단체가 주로 이 시설을 이용하는데, 최근에는 가족 단위로 찾는 이용객들이 늘고 있다. 장애어린이와 청소년 위주로 만들어졌지만 특별한 프로그램을 강조하지 않는 것이 일반 캠프와 다른 점이라고 한다.

독일 뮌헨 남부의 호수 암머제(Ammersee)에 위치한 바르타바일은 인근 숲과 호숫가를 제외하고도 전용면적 2만 7000m²(약 9000평)의 부지 위에 식당과 숙소동 등 6개 건물로 이루어져 있다.

알프스에서 흘러내려 온 물로 생겨난 아름다운 호수 덕분에 이곳은 독일 부자들의 별장과 휴양지로도 유명하다. 바르타바일 부지에는 원래 독일 최대의 철강회사 티센(Tyssen)회장 부인이 소유한 아름다운 성이 있었다. 회장 부인이 부지를 장애인을 위한 시설로만 사용해 달라는 조건으로 바이에른주 정부에 기부했다고 한다.

◀ 어린이들이 폐타이어로
만든 그네를 타며 재미있게
놀고 있다. 그 뒤로 식당과
거실로 이용하는 본관
건물이 보인다. 본관
건물은 전면이 유리라
채광이 뛰어나며 지하에는
놀이시설이 있다.

◀ 자동으로 높낮이를
조정할 수 있는 목욕용
침대. 바르타바일
어린이청소년 캠프장의
시설 하나하나에서 사회적
약자인 장애인을 배려하는
독일의 사회복지 정신을
실감했다.

▶ 휠체어에 탄 사람도 쉽게 이용할
수 있도록 낮게 달린 세면대
손잡이에서 장애인에 대한 세심한
배려를 느낄 수 있다.

독지가의 기부와 정부의 지원으로 세워진 산교육장

주 정부는 기존 건물을 부수고 여기에 1650만 마르크(115억 원, 1995년 당시 환율)를 들여 1995년부터 바르타바일을 짓기 시작해 2년 만인 1997년에 완공했다고 한다. 현재는 장애인 권익운동 단체 LVKM에서 맡아서 시설을 운영하고 있다. 장애인과 비장애인의 복지와 화합을 위해 독지가가 부지를 기부하고, 정부가 시설을 지어 비영리단체에 운영권을 맡긴 대표적인 사례다.

아이그너 씨의 안내로 숙소와 강당, 식당을 찾았다. 모든 시설에 문턱이 없는 대신 자동문이 달려 있다. 전등과 방문 손잡이까지 장애인에 대한 세심한 배려가 담겨져 있다. 키가 작거나 휠체어를 이용하는 장애인을 위해 앞으로 당겨서 옷을 걸도록 설계된 옷걸이, 자동으로 높낮이를 조정하도록 되어 있는 목욕탕 침대 등 이곳에서 볼 수 있는 비품과 시설 하나하나에 사회적 약자인 장애인을 배려하는 독일 사회복지의 정신이 녹아 있는 듯했다.

장애인이나 비장애인 구별 없이 같은 이용료를 내며, 미리 예약만 하면 누구나 이용할 수 있다고 한다. 이용료는 숙박, 식사, 프로그램 참가 등 모든 비용을 포함해 1박2일 기준으로 성인은 35유로(5만 6000원), 어린이는 26유로~31유로(4만 1600원~4만 9600원). 장애인을 위한 시설이기 때문에 일반 캠프가 하루 120유로(19만 2000원)인 것에 비해 1/3 가격으로 이용료가 저렴하다.

장애인 정책에 발상전환이 필요한 이유

휠체어를 타는 장애인은 혼자 그네를 탈 수 없다는 상식을 뒤집고, 이곳에는 장애인이 혼자 탈 수 있도록 실세션 그네가 설치돼 있다. 장애인은 왜 당연히 그네를 타지 못한다고 생각할까? 그것이 복지 선진국과 우리의 차이다. 다른 분야보다 장애인시설과 정책에 발상의 전환이 필요하다.

숙소동 내 객실과 복도의 벽면마다 서로 다른 색을 칠해 조화를 이룬 것이 재미있다. 숙소나 화장실에서 비상벨을 누르면 관리실과 복도에 있는 비상등에 불이 들어오고 부저가 울려 도움을 청하도록 설계돼 있다. 사소한 것도 기술력과 자본력, 인본주의 사상으로 배려하고 있다.

본관과 숙소동을 연결하는 복도는 유리와 철제로 만든 뒤 약간의 경사를 주고 양쪽에 나무를 심어서 마치 정글에 들어가는 듯한 느낌이다.

장방형으로 퍼져 있는 3개의 숙소동은 본관과 복도로 연결되어 있다. 유리를 이용해 햇빛이 가장 잘 들도록 설계된 본관에는 행정부서가 아니라 이용객을 위한 식당과 서재, 휴식 공간이 자리하고 있다. 이곳 지하 1층에는 영화를 볼 수 있는 상영관과 게임 공간, 디스코텍 등이 있는데, 밤 10시 이후에도 계속 놀고 싶은 청소년들은 이곳에서 댄스파티를 즐긴다고 한다. 장애를 가지게 되면 비장애인이 즐기는 모든 일상을 포기해야 한다는 것이 일반적인 통념이다. 하지만 이곳에서는 장애인에 대한 통념과 상식이 무참히 깨진다. 장애는 단지 불편한 것일 뿐이다.

▲ 모든 어린이가 가장 타 보고 싶어
하는 그네. 장애가 있는 어린이도
혼자 탈 수 있도록 만들어졌다.

▲ 본관과 숙소동을 연결하는 복도는 미세한 경사를 줘서 휠체어가 쉽게
식당으로 이동할 수 있도록 설계되었다.

▶ 숙소동 내 객실의 모습. 도움이
필요한 사람이 비상벨을 누르면
관리실과 복도에 있는 비상등에
불이 들어오고 부저가 울린다.

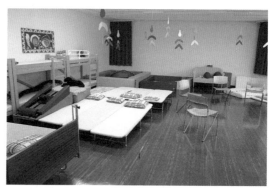

▶ 혼자 움직일 수 없는 중증
장애인의 경우 놀이시설을
이용할 때 활동보조인을
별도로 배정한다.

정원을 거쳐 숲길은 호숫가로 이어져 있다. 독일 부호들의 별장이 즐비한 곳에 바르타바일이 어깨를 나란히 하고 있다.

장애인을 이해해야 장애인이 사회의 일원이 될 수 있다

호숫가에서 호수 중간까지 나무로 만든 선착장(잔교)이 이어져 있다. 그런데 호수 한복판에 있는 선착장 한쪽에 이상한 기둥이 서 있다. 바로 기중기 기능을 가진 기둥으로 장애인도 호수에서 수영할 수 있도록 도와주는 기구였다. 비록 혼자 수영을 할 수 없고 보조기구의 도움을 받아 호수에 몸을 담그더라도 장애인들이 받아들이는 감동은 대단하다고 한다.

휠체어를 탄 어린이를 다른 사람이 밀어주는 것을 보고 가족이나 일행인지 물었더니 '자원봉사자'라고 대답한다. 혼자 움직일 수 없는 중증장애인의 경우 바르타바일에서 활동보조인을 별도로 배정해 이곳에서 생활하는 내내 일거수일투족을 도와준다고 한다. 놀이시설에도 활동보조인이 필요하다는 것을 깨달았다.

어린이들이 야외 화덕에서 반죽한 피자를 직접 굽고 휠체어를 탄 어린이와 비장애어린이가 함께 탈 수 있는 그네가 있는 캠프장이 우리 사회에 있다면 장애인을 이해하고 우리 사회의 일원으로 받아들이는 데 크게 기여할 수 있지 않을까?

장애어린이뿐 아니라 어른이라도 다시 찾고 싶은 곳, 이렇게 멋진 휴양지는 아니라도 각박해진 도심을 떠나 여유를 찾을 수 있는 곳이 우리 사회에 더 필요하다. 우리 대기업들이 잘못된 관행의 대가로 기부한 수천억 원의 사회공헌기금을 국민이 동의하지 않는 오페라하우스를 짓는 데 쓸 것이 아니라 '이런 제대로 된 캠프장을 짓는 돈으로 쓸 수 없을까?' 하는 생각이 들었다.

백경학

....

바르타바일 캠프장(Wartaweil Schullandheim)

주소 Wartaweil 45, 82211 Herrsching am Ammerse

전화 08152-9398-0

홈페이지 www.wartaweil.de

이메일 info@wartaweil.de

설국 속의
다카야마도서관

일본 나카야마시립도서관

"국경의 긴 터널을 빠져 나오자 눈의 고장이었다. 밤의 밑바닥이 하얘졌다." 가와바타 야스나리(川端 康成)의 소설 설국(雪國)의 첫 문장이다. 야스나리는 일본인으로서는 처음으로 1968년 노벨문학상을 수상해 일본 문학의 자존심을 세웠다. 그의 소설은 눈이 많이 오는 고장 니가타현(新潟縣)이 배경이다. 그런데 니가타뿐 아니라 니카타 서남부에 위치한 기후현(岐阜縣) 역시 둘째가라면 서러울 설국이다.

일본의 중경(中京)으로 불리는 나고야(名古屋)를 출발해 우리를 태운 버스가 1시간 남짓 달리자 지대가 높아지면서 높은 산들이 줄줄이 나타난다. 3000m가 넘는 고봉들이 하얀 눈을 이고 서 있다. 전라남도 넓이의 기후현에는 3000m가 넘는 고봉 21개 중 11개가 있다니 말 그대로 일본 북알프스이다. 그런데 안나푸르나와 마테호른 같이 범접할 수 없게 깎아 지른 절벽과 위압적인 모습의 돌산이 아니라 저녁 먹고 마실 가는 마을 뒷산처럼 동글동글하고 포근하다.

▲ 하얀 눈이 쌓인 다카야마시의 집
출처: 다카야마 시청 홈페이지 www.city.takayama.lg.jp

　고도가 높아지면서 비가 눈으로 변했다. 눈발은 산악 풍경을 후기 인상파가 그린 한 폭의 점묘화로 만들었다. 버스를 타고 갯가에 내리면 갑자기 비린내가 왈칵 밀려오듯이, 차창을 여니 숲으로부터 축축한 나무 내음이 쏟아져 들어 온다. 자작나무와 편백나무 숲에서 오는 피톤치트인가 보다. 1시간 반을 더 달려 도착한 곳은 북쪽 작은 분지 속의 도시 다카야마시(高山市). 대낮인데 도로와 집들이 눈 속에 파묻혀 있다. 설산(雪山) 속 설국(雪國)이다.

　다카야마시는 300년 전부터 막부 정권에서 무사 계급이 파견돼 다스리기 시작했다. 이들이 세운 직할관청 진야(陣屋)를 중심으로 지금도 2층으로 된 일본 전통목조 거리가 아름답게 보전돼 있다. 옛날 거리에 들어서자 200년이 넘은 집들이 나타난다. 이곳이 일본 천년의 수도인 교토(京都)를 본 따 작은 교토라고 불리는 이유다. 갈색과 흑색이 칠해진 전통 가옥이 빼곡히 들어서 골목 양옆에는 화강암으로 만들어진 작은 도랑에 물이 졸졸졸 흐르고 있다.

눈과 비가 많이 오는 고장인 만큼, 도시를 설계할 때 건물 처마 끝에서 직각으로 빗물이 떨어지도록 배수로를 설계했다고 한다. 일본인의 정밀함이 묻어난다. 이 도시의 오래된 집과 좁은 골목, 빨간 난간을 가진 니카바시 다리가 배경이 되어 인기 TV 만화영화 '빙과'가 탄생했다고 한다. 이런 유명세 때문일까. 다카야마 거리에는 우리의 전주 한옥마을처럼 일본인뿐 아니라 외국인 관광객이 넘쳐난다.

카페와 초밥집, 주점으로 변한 전통 거리를 지나 작은 다리를 건너니 지금까지 보아온 일본 전통 가옥과 다른 근대 서양 건축물이 나타났다. 초록색 너와 지붕과 흰색 벽체로 이루어진 웅장한 건물이다. 정문에는 환장관(煥章館)이라고 쓰여 있다. 바로 다카야마시립도서관이다.

우리를 기다리고 있던 시 직원 다카히로 꾸즈이(葛井 孝弘) 씨는 "도서관 이름이 '학문을 밝힌다'라는 뜻으로 논어에서 따왔다."고 소개한다. 남송 시대 역대 중국 황제들의 도서관이 환장각(煥章閣)이니 책과 학문을 소중히 여기는 다카야마 사람들의 뜻이 담겨 있는 것 같다. 도서관 주위에는 눈을 맞아 축축 처진 소나무의 모양을 바로 잡기 위해 높은 지주 기둥을 세우고 새끼줄로 가지를 매달았다. 도서관 주위에 촛불을 밝혀 놓은 것 같다.

안내를 맡은 나카시마 마유미(中島 麻由美) 씨에 따르면 이 건물은 메이지(明治) 39년(1906년) 다카야마 여자초등학교로 지어졌다고 한다. 그

▲ 다카야마시립도서관 전경

뒤 1969년에는 시민회관, 1990년에는 시민평생학습원으로 바뀌었다
가 2004년 리모델링을 거쳐 도서관으로 개관하게 됐다.

　다카야마시립도서관의 특징은 외장과 내부가 나뭇결을 살린 목재
로 이루어졌다는 점이다. 단풍나무 바닥과 자작나무의 아름다운 단면
이 드러난 벽면, 나무로만 이루어진 안내데스크가 따뜻한 느낌을 준다.
나무의 온기가 살아있는 도서관이다.

　단풍나무로 된 바닥에는 스테인레스 조각이 촘촘히 박혀 있다. 점
자블록이다. 점자는 도서관 입구부터 안내데스크와 서가로 이어져 있
다. 투박한 시멘트 블록이 아니라 스테인레스 점자라서 유난히 빛이 난
다. 전혀 안 보이는 전맹(全盲)이 아니고 조금이라도 빛을 볼 수 있는 장
애인이라면 훨씬 도움이 될 것 같다. 장애인에 대한 배려는 도서관 곳

▲ 책을 싣고 이동할 수 있는 카트
▲ 다카야마시립도서관 내부

▲ 어린이 도서관 중앙에 있는 나무뿌리 의자
▲ 자원봉사자가 진행하는 동화 구연 프로그램

곳에 묻어난다. 우산꽂이에도 점자가 붙어 있고 장애인과 어린이들이 책을 뽑아서 쉽게 이동할 수 있도록 만든 꼬마 카터와 유모차도 도서관 입구에 나란히 놓여 있다.

1층은 어린이 도서관이다. 이름도 '나무의 나라, 어린이 도서관'이다. 좌석에는 아주머니와 노인의 모습도 보인다. 어린이를 위한 도서관이면 장애인이나 노인이 사용하기는 더 편할 것이다. 다카야마도서관은 32만 권의 책을 보유하고 있고 이 중 4만 권이 동화책이라고 한다.

직원 다이몬(大門) 씨를 따라나섰다. 어린이 도서관 중앙에는 무성한 잎을 가진 느티나무가 헤라클레스처럼 떡하니 버티고 서있다. 나무 뿌리에는 아이들이 앉을 수 있는 10여 개 의자를 만들어 놓았다. 꼬마들이 이곳에 앉아 책을 읽으면 시골집이 내려다보이는 언덕배기 느티나무에 앉아 책을 읽는 것 같다. 그러다 스르륵 잠이 들면 느티나무가 살포시 안아줄 것 같다.

나무 주변에는 서가가 놓여 있다. 그런데 서가의 모양이 재미있다. 울긋불긋한 기관차로 연결된 10량의 객차 서가이다. 객차 지붕은 최신 동화책 전시대이다. 아이디어가 번뜩인다.

유리로 된 방에서는 털모자를 뒤집어쓴 어린이 4명이 쪼그리고 앉아 무언가 열심히 듣고 있다. 자원봉사자인 동네 아주머니의 동화 구연 프로그램이라고 한다. 단순하게 책을 정리하고 청소를 해 주는 것뿐 아니라, 시각장애인이 원하는 책 내용을 녹음하고 동화책을 실감나게 읽어주는 재능기부가 이곳 도서관의 자랑이라고 한다. 지난해 9만 건의 자원봉사가 이 도서관에서 이루어졌다니 다카야마의 전 시민이 한 번씩 자원봉사 활동을 한 셈이다.

▲ 시각장애인을 위한 낭독실
▲ 저시력자를 위한 확대독서기

집 가까운 곳에 도서관이 있고, 그곳에서 친절하고 멋진 목소리를 가진 동네 아주머니로부터 매일 동화책 이야기를 들을 수 있다면 유년 시절이 행복할 것 같다. 매일이 힘들다면 일주일에 한 번씩이라도 부모님과 도서관을 찾아 원하는 책을 맘껏 읽을 수 있다면, 자라나서 책을 사랑하는 사람이 되지 않을까. 이런 생각을 하면서 다이몬 씨를 따라 어린이 도서관 뒤편으로 가봤다.

작은 활자를 크게 읽을 수 있도록 만든 독서대를 비롯해 시각장애인을 위한 점자책을 만드는 스튜디오, 장애인이 책을 신청하면 원하는 날짜에 자원봉사자가 책을 읽어주는 대면 낭독실 등 어린이 도서관 뒤에는 장애인 편의시설이 빼곡히 들어서 있다. 이 작은 도서관에 장애인이 원하는 책을 가져오면 자원봉사자가 책을 읽어 주거나 점자책을 만드는 작업이 활성화되어 있다니 놀랍다.

도서관이 보유한 큰 활자로 된 책자는 2545권, 점자도서는 601권이라고 한다. 노인 독자층을 겨냥해 큰 활자체 도서 출간이 우리나라에서는 최근에 시작됐는데 일본에서는 10여 년 전부터 시작됐다고 한다.

점자도서의 숫자가 의외로 적어 그 이유를 물어보니 장애인들이 원하는 책을 이 도서관에서 직접 점자책으로 만든 것이라고 한다. 시골 도서관에서 대단한 일이다.

다이몬 씨는 "점차 노년층이 늘어나면서 현재 보유한 큰 활자도서가 크게 부족하지만 점차 늘려갈 계획"이라고 말한다. 다카야마시의 인구 중 65세 이상의 노인 인구는 29.2%로 2050년이 되면 50% 이상이 노인 인구를 차지할 것이라고 한다. 도서관에서도 이에 대비해 어린이

◀ 서가를 정리하고 있는
장애인 근로자

◀ 도서관 벽면의
스테인드글라스 작품

나 장애인에 대한 배려보다는 고령화 사회에 대비한 노년층의 수요에
초점을 맞추고 있다.

　도서관의 또 다른 특징 하나는 연중무휴 문을 연다는 점이다. 지난
해 개관 일수는 344일. 매월 1회와 크리스마스부터 새해 1월 1일까지
휴관하는 것을 제외하면 도서관 문은 늘 열려있다. 늘 문이 닫혀 있던

월요일이나 연휴 때 책을 읽으려고 동네 도서관을 찾았다가 낭패를 본 기억이 선명하다. 불편하겠지만 우리나라도 직원들이 돌아가면서 쉬면 연중무휴로 도서관 문을 열 수 있지 않을까.

도서관 운영관리를 전문 회사에 맡기는 점도 특이하다. 그러고 보니 우리를 안내하는 다이몬 씨는 TRC라는 로고가 선명한 유니폼을 입고 있다. 다이몬 씨는 "일본 도서관유통서비스회사가 시로부터 다카야마도서관을 위탁받아 모두 41명의 직원이 일하고 있으며 다른 9개 분관에도 직원들이 파견돼 책 정리와 배송, 프로그램 운영 등 모든 행정 업무를 맡고 있다."고 설명한다.

그 이유가 궁금했다. 그는 "공무원이 운영하는 것보다 시민들의 눈높이에 맞춰 훨씬 효율적으로 관리, 운영하기 때문에 비용도 적게 들고 시민들의 만족도가 높다."고 말한다. 일본 도서관 중에 TRC에게 위탁해 운영하는 도서관이 늘어나는 추세라고 한다. 하루 800명의 이용객을 위해 매년 2만 권의 책을 구입하고 41명의 직원이 거의 연중무휴로 일한다니 대단한 투자가 아닐 수 없다. 도서관을 직접 방문하지 않더라도 집으로 배달하는 서비스를 통해 연간 54만 권의 책을 대출하고 있다고 한다. 시민 한 사람이 연간 5권의 책을 읽고 있는 셈이다.

2층 일반 열람실로 가는 계단에는 노란색 조명이 밝게 빛난다. 해바라기를 표현한 스테인드글라스 그림이다. 다카야마시가 배출한 유명 화가 히카게 케이(日影 圭) 씨의 작품이란다. 2층 인문학 코너에는 휠체어를 탄 장애인이 열심히 서가를 정리하고 있다. TRC직원이라고 한다. 창문에는 초록색 커튼 사이로 햇빛이 쏟아져 들어오고 있다. 서가에는 장애인 근로자가 꼼꼼하게 책 정리를 하고 있고, 1층에서는 동네 아주머니가 꼬마들을 모아놓고 열심히 동화책을 읽어 주는 광경을 보면서 다카야마시가 몹시 좋아졌다.

백경학

다카야마시립도서관(高山市図書館)
주소 高山市 馬場町2 丁目 115番地
전화 (0577)32-3096
홈페이지 www.library.takayama.gifu.jp
이메일 library@library.takayama.gifu.jp

어울림의 가능성
혹은 한계
일본 행복촌 종합복지타운

청명한 5월 아침, 일본 고베시에 있는 종합복지타운 행복촌(しあわせの村)의 전경을 보는 순간 저절로 탄성이 나왔다. 드넓은 녹지 사이에 붉은 지붕의 건물들이 드문드문 놓여 있는 모습은 그림엽서를 그대로 옮겨 놓은 듯한 장면이었다.

이런 인상은 행복촌을 돌아보는 내내 이어졌다. 기모노의 일종으로 간편한 옷인 유카타를 입고 온천으로 향하는 사람들, 잔디밭에 둘러앉아 도시락을 먹는 사람들, 연못을 둘러싼 일본식 정원을 산책하는 사람들이 평온한 휴식을 즐기고 있다. 호텔급 숙소, 각종 레크레이션 시설, 온천과 아름다운 산책로는 우리 머릿속에 있는 회색조의 복지시설 이미지와는 거리가 멀다.

행복촌은 종합복지타운의 성공적인 모델로 한국에도 널리 알려져 있다. 오사카 지역을 대상으로 한 사회복지 연수 프로그램에서 행복촌은 빠지지 않는 단골 메뉴다. 이곳은 복지시설과 휴양시설의 결합을 구

▲ 숙소에서 내려다 본 행복촌의 모습
▲ 행복촌을 소개하는 고우사카 계장. 한국어로 된 자료와 비디오를 보여 주었다.

체적으로 보여주기 때문에 한국 사회복지 실무자와 공무원들의 발길이 끊이지 않는다. 행복촌의 위탁 운영을 맡은 고베시민복지진흥협회에서는 한국말로 제자된 소개 비디오까지 준비해 두고 있다. 2007년 초에 유시민 전 보건복지부 장관이 행복촌을 다녀갔고, 우리나라 여러 지방자치단체장도 이곳을 견학했다고 한다.

안내를 맡은 고베시민복지진흥협회 고우사카(高坂澄人) 사업계장은 다소 어눌하지만 한국말을 곧잘 하는 편이었다. "안녕하세요" "감사합니다" 수준을 훨씬 뛰어넘어 어느 정도 의사소통이 가능할 정도고, 브리핑을 하면서 칠판에 한국어 글씨도 또박또박 썼다. 50대에 접어든 그가 뒤늦게 한국말 공부에 열을 올리는 이유는 무엇일까? 고우사카 씨는 "한국에서 워낙 많은 분들이 오시기 때문"이라고 설명했다.

한국 보건복지부 장관은 행복촌을 둘러보고 무엇을 느꼈을까? 행복촌은 지방자치단체가 중심이 돼 시의 재원으로 세운 것이기 때문에 이를 본 장관의 반응이 궁금했는데, 고우사카 씨는 자신이 그때 응대하지 않아서 구체적인 내용은 모른다고 답했다. 장관뿐 아니라 다른 모든 한국인 방문자들의 감상도 역시 궁금했다. 그들은 이곳에서 무엇을 봤을까? 그렇게 많은 이들이 다녀갔다니 한국판 행복촌도 가능해질까?

30년 만에 이룬 꿈

행복촌을 이야기하면서 미야자키 다즈오 전 고베 시장을 빼놓을 수 없다. 미야자키 시장 한 사람의 굳은 의지가 오늘의 행복촌을 이뤄 냈다고 해도 지나친 말이 아니다. 1955년 부시장으로 북유럽을 시찰하면서 행복촌을 구상했다고 하니 1987년 문을 열 때까지 30년이 넘는 오랜 세월이 걸렸다. 1986년 이후 순차적으로 여러 가지 시설물을 세워 나가며 지금의 모습을 갖춘 것은 2001년. 투입된 총 사업비는 약 400억 엔(약 3900억 원)이다. 미야자키 시장의 정치적 편향과 능력을 구체적으로 알 수 없지만, 행복촌을 놓고 보면 의지와 추진력이 대단한 사람임에는 틀림없다.

미야자키 시장이 재직할 당시 고베시는 '주식회사 고베'라고 불렀다고 한다. 마침 그의 재임 기간이 일본의 고도성장기와 일치해 미야자

▼ 행복촌 지도에서도 넓은 녹지를 확인할 수 있다.

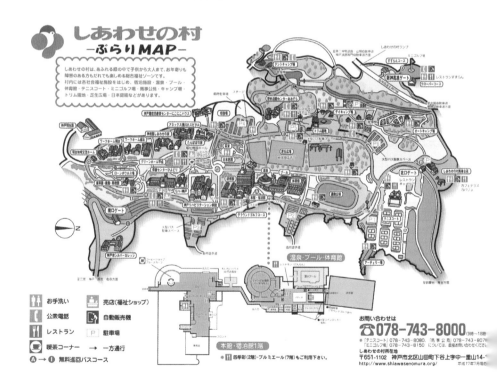

키 시장은 매립지 개발 등 수많은 개발 사업을 추진할 수 있었다. 지자체가 돈벌이에만 관심이 있다는 비판도 받았지만, 개발로 인한 수익을 복지 쪽에 과감히 투자했다는 점에 대해서는 이견을 다는 사람이 없는 모양이다. 그래서 그런지 행복촌에는 그의 흉상이 세워져 있다.

도시공원과 복지시설이 결합된 행복촌의 규모는 총 250ha(약 62만 평)로 일본 고시엔 야구장의 5배라고 한다. 복지 및 의료시설과 휴양, 레포츠 시설이 함께 들어서 있는데, 행복촌 측에선 이를 한마디로 '교류의 장소'라고 표현한다. "장애가 있는 사람도, 고령자도, 일반 시민도 같은 사회에서 함께 어울려 살아간다는 이념을 구체화한 곳"이라는 것이다. 행복촌에서 복지시설이 차지하는 비중은 46.1ha(약 14만 평)로 22.5%이고, 나머지 77.5%는 도시공원이다.

도시공원과 복지시설의 결합

행복촌은 고베 시내에서 불과 7km 거리에 있다. 시내에서 20~30분 거리이기 때문에 외부인들은 물론 시민들이 이용하기에도 편리하다. 그러면서도 아늑한 산속에 자리 잡고 있어 도심과는 확연히 다른 분위기를 느낄 수 있다. 연수와 레포츠, 휴식을 위한 시설이 결합돼 있기 때문에 도요타자동차와 같은 대기업들도 신입사원 연수를 이곳에서 하고 있다고 한다.

행복촌은 전체적으로 잘 가꿔진 숲이다. 일본식 정원, 과수원과 약초원, 잔디 광장 등에서 한가로운 산책을 즐길 수 있다. 수영상과 테니스장, 양궁장은 물론 골프장과 승마장까지 있어 활동파도 전혀 지루하지 않게 보낼 수 있다. 야외 바비큐로 저녁을 먹고 느긋하게 온천을 즐

	시설명	내용	설립연도
자립과 사회참여 실현을 위한 시설	명우	신체장애인시설	1987
	명우지역교류센터	재택 신체장애인 1일 서비스 시설	1990
	녹우	지적장애인 통원 시설	1987
	평성	지적장애인 통원 시설	1989
	고베명생원	지적장애인시설	1991
	신항원	행복의집 치매환자 복지시설	1989
	웃음의 집	중증심신장애인 교육센터	2001
	미나도가와 병원	치매 전문병원	2001
	고베 사회복귀병원	사회복귀 훈련, 재택간호 지원	1988
	리하 고베	노인 재활, 보건시설	2000
학습, 교류, 편안한 장소 제공을 위한 시설	본관, 숙박관	행복촌 운영 및 숙박시설	1989
	민들레의 집	여성 교류시설	1993
	건강센터 히요도리	숙박 연수시설	1989
	창공	야외활동시설, 숙박 기능	1993
	온천 건강센터	온천, 수영장, 체육관 등	1989
	연수관	연수시설	1989
	고베노인대학	노인대학	1993
레크리에이션 시설	자동차 캠프장	오토캠핑 시설	1995
	1일 캠프장	바비큐 시설	1995
	자연공원	미로, 꽃의 골짜기 등	1995
	텐트장	텐트 캠프장	1993
	테니스장	코트 16개	1987
	양궁장	과녁 25개	1987
	운동 광장	실외 스포츠장	1988
	구기장	축구, 골프 등	2000
	야외 볼링장	영국식 야외 볼링	1989
	그라운드 골프장	가족 단위의 약식 골프	1990
	잔디광장	피크닉 장소	1988
	일본 정원	연못, 폭포, 잔디 광장 등	1989
	과수원	과수원, 농원, 약초원	1989
	말타기 공원	승마장	1993
	골프장	장애인, 고령자용	1991

길 수 있다. 이곳의 온천은 수질이 좋기로 유명해 온천욕을 위해 찾는 사람도 많다고 한다.

행복촌의 숙박 인원(본관)은 150명 정도다. 시설은 일본의 일반적인 비즈니스 호텔보다 훨씬 넓고 좋은 편이다. 숙박비는 2인실의 성수기 요금이 6200엔(5만 8900원)으로 일반 호텔보다 20% 정도 저렴하다. 춥지 않은 계절이라면 450명이 이용할 수 있는 자동차 캠프를 이용할 수도 있다. 170명을 수용할 수 있는 텐트 캠프장에서 하룻밤을 보내는 것도 색다른 경험이 될 것 같다.

행복촌을 찾는 사람들은 다양하다. 가족 단위의 휴양객은 물론 기업 연수 장소로도 이용된다. 중국 학생들의 수학여행지로도 각광을 받고 있다. 시설 이용자 중에는 당연히 장애인의 비중도 적지 않다. 안심하고 활동할 만한 기반시설이 갖춰져 있기 때문이다. 매년 100곳 정도의 특수학교에서 이곳을 찾으며 기타 장애인 단체도 200~300곳이 행복촌에서 각종 행사를 진행한다고 한다.

해마다 200만 명이 찾는 이 같은 도시공원형 시설에서 벌어들이는 수입은 연간 10억 엔(95억 원)이다. 행복촌의 유지비용 20억 엔(190억 원) 가운데 절반을 숙박 및 레포츠 시설에서 얻고 있다. 나머지 10억 엔은 시에서 매년 지원한다. 그나마 행복촌은 95%가 시유지였기 때문에 부지매입 비용은 별도로 들지 않았지만, 운영비 적자를 떨쳐버리지 못하고 있다. 장애인과 비장애인이 함께 어울리는 교류의 공간을 마련하고, 시민들이 레크리에이션과 휴식을 즐기면서 그것이 자연스럽게 복지시설로 흘러가는 이상적인 그림이 현실로 완전히 구현되지는 못하고 있는 셈이다.

복지시설은 모두 10곳이 들어서 있다. 신체장애인 공동작업시설 메이유(明友)와 지적장애인 작업시설 로쿠유(綠友)를 비롯해 노인성치매 환자 전문시설 미나도가와병원, 회복기 장애 환자를 위한 고베 사회복귀병원 등이 그것이다. 시설의 입지 환경은 나무랄 데가 없다. 우리가 찾은 몇몇 장애인 작업장에서도 행복촌에 들어와 있어 가장 좋은 점으로 훌륭한 자연환경을 꼽았다. 잘 조성된 녹지에 널찍널찍 여유 있게 들어선 복지시설은 그 자체로 부러움의 대상이다.

장애인시설과 고령자시설의 결합도 인상적이다. 행복촌에서는 장애인과 노인은 모든 이용 요금을 절반 정도 할인받는다. 안내 책자를 보면 일반 요금과 장애인, 노인 요금이 따로 표시돼 있다.

행복촌을 둘러보는 도중 고베노인대학에 들렀다. 강의실에서 진지하게 공부하고, 앞치마를 두른 채 도예 실습을 하는 일본 노인들을 보면서 부러움과 함께 잔잔한 감동을 느꼈다. 도심에서 멀지 않은 곳에 종합복지타운이 자리 잡고 있기 때문에 많은 사람들이 실제로 시설을 이용하며 즐길 수 있다는 생각이 들었다. 게다가 고베노인대학은 고령자 재교육에 멈추지 않고 행복촌의 자원봉사자 양성교실 역할도 아울러 하고 있다.

공간 결합의 가능성 혹은 한계

장애인 문제와 노인 문제는 전혀 다른 문제로 인식될 수도 있지만, 신체적, 정신적 약자라는 공통분모가 있다.

이 공통분모 위에 서 있는 것이 '보편적 디자인(universal design)'이라는 원칙이다. 이전의 무장벽(barrier free)에서 한 단계 발전됐다고 할 수 있다. 사회적 약자의 입장에서 장벽이 될 수 있는 것들을 감안하고 배려하자는 것이 무장벽 논의라면, 보편적 디자인은 사회적 약자에게 편안한 것이 비장애인 혹은 젊은이에게도 편리하다는 깨달음이 전제가 된다.

행복촌에서 본 자동판매기에서 보편적 디자인의 편리함을 실감할 수 있었다. 우선 동전을 넣는 틈이 일반 자판기보다 훨씬 넓다. 시력이 나쁘거나 손이 떨리는 사람도(장애인이 아니더라도 대부분의 고령자들이 겪는 증상이다) 실수하지 않고 쉽게 동전을 넣을 수 있다. 음료수가 나오는 위치는 일반 자판기보다 훨씬 높다. 휠체어 장애인이 쉽게 음료수를 집어들 수 있는 높이다. 당연히 비장애인에게도 편리하다. 쪼그리고 앉아 음료를 꺼내는 수고가 말끔히 사라진다. 이러한 배려는 장애인뿐 아니라 고령자나 다른 이들에게도 편리함을 제공한다.

그러나 보편적 디자인만으로 세상 곳곳에 그어진 분리선들을 지워버리기에는 역부족이다. 교류의 장소로는 행복촌도 아쉬운 한계가 보인다. 어울림의 공간은 단순한 장소의 결합 이상이 되어야 하기 때문이다. 행복촌의 넓은 부지와 잘 조성된 숲 덕분에 레포츠시설을 찾은 사람들에게 복지시설은, 그리고 그 안에서 생활하는 사람들의 모습은 눈에 잘 띄지 않는다. 일부러 신경을 쓰지 않는 한 장애인시설이 근처에 있다는 것을 거의 의식할 수 없을 정도다.

행복촌의 복지시설과 레포츠시설은 사실상 분리되어 있다. 그리고 장애인과 비장애인의 삶도 섞이지 않는다. 이곳에 있는 일부 장애인들이 행복촌의 다른 시설에서 일을 하기는 한다. 숙박관의 자동판매기 관리, 시트 교환 등이 대표적인 예다.

◀ 장애인과 비장애인이
얘기를 나누고 있는
모습. 행복촌에서 이런
장면을 자주 볼 수는
없다.

◀ 보편적 디자인을
적용한 자판기. 똑바로
섰을 때 허리 높이쯤에
동전투입구와 음료가
나오는 곳이 있다.

그것을 진정한 결합 혹은 교류라고 말하기는 어렵겠지만, 장애인
캠프를 하려 해도 휠체어가 제대로 움직일 수 있는 숙박시설을 찾기가
너무도 어려운 우리 현실에 비추어 보면 행복촌은 이상적인 모델에 가
깝다. 지방자치단체가 도심에서 가까운 자연에 그만한 규모의 복지시
설을 몇십 년에 걸쳐 지을 수 있다는 것은 부러운 일이 아닐 수 없다.
공간 공유만 해도 아직 우리가 도달하지 못한 단계다. 하지만 행복촌은
지리적 결합이 곧바로 어울림으로 이어지지는 못한다는 사실을 가르

쳐 준다. 진정한 어울림을 꿈꾼다면 행복촌의 밝은 면뿐 아니라 그림자까지도 눈여겨보아야 할 것 같다.

진미영

행복촌(しあわせの村)
주소 651-1102, 神戸市非区山町下谷上字中一里山14-1
전화 078-743-8000
홈페이지 www.shiawasenomura.org
이메일 kousaka@shiawasenomura.org

'교류의 장소', 행복촌

　행복촌은 고베 시내 산노미야에서 북서쪽으로 7km 떨어진 곳으로 총면적 62만 평(205ha) 중 77%가 녹지인 거대한 종합복지타운이다.

　재활병원과 치매노인시설, 장애인들의 사회복귀를 위한 직업재활센터, 가족호텔, 9홀짜리 골프장, 승마장, 온천, 양궁장, 캠프장 등 장애인 및 노인시설과 함께 24개 레저 시설을 갖추고 있다.

　행복촌 안에 있는 고베노인대학에는 57세 이상의 장노년층을 위한 재교육 프로그램으로 3년짜리 정규과정이 개설돼 있다. 행복촌의 중앙에 위치한 고베재활병원에 입원한 환자들은 건강보험의 혜택으로 치료비의 10%만 부담하고 있다.

　최근 들어 행복촌에는 시민 자원봉사자와 연수 프로그램으로 봉사활동을 하려는 기업의 신입 사원들, 레저 시설을 이용하려는 일반 시민 등 연간 200만 명이 이곳을 찾고 있다.

　전체 34개 시설 가운데 10개 단체가 운영하는 병원과 치매노인시설, 직업재활센터 등의 10개 시설을 뺀 나머지 20개 시설의 예산은 23억 엔으로, 자체 수익으로 35%를 충당하고 나머지 65%는 고베 시에서 지원하고 있다.

　90년대 이후 장애인 탈시설화 움직임이 일면서 장애인과 노인을 행복촌에 가두고 있다는 비판을 받았지만, 65살 이상의 노인 인구가 일본 전체 인구의 25%를 차지하고 장애인 및 노인의 주거와 간병이

사회적인 문제로 대두하면서 행복촌에 대한 재조명이 이루어지고 있다

일도 생활도
장애인의 선택으로 '맞춤형'
독일 도미니쿠스 링아이젠 베르크 브라이트브룬

도미니쿠스 링아이젠 베르크 브라이트브룬(Dominikus-Ringeisen-Werk Breitbrunn)은 뮌헨 중심에서 약 40km 떨어진 작고 조용한 시골 브라이트브룬에 위치한 성인 장애인 거주시설이다. 많은 독일인의 휴양지로 각광받고 있는 아머 호수(Ammer See)를 끼고 있어 전망이 매우 아름답다. 이곳을 처음 방문했을 때 '이렇게 전망 좋은 휴양지에 장애인 거주시설이?'라는 생각이 들 정도였다.

숙소에서 40여 분을 차로 달려 도미니쿠스 링아이젠 베르크에 도착하자 반가운 분을 만날 수 있었다. 도미니쿠스 링아이젠 베르크 울스버그(Ursberg) 지역 총책임자인 레지나 헤르만(Regina Hermans) 씨. 전날 방문했던 도미니쿠스 링아이젠 베르크 마이작(Dominikus-Ringeisen-Werk Maisach)도 레지나 씨가 관리하는 시설이었는데, 다시 만난 우리를 마치 오래 알고 지낸 친구처럼 반갑게 맞아 주었다.

레지나 씨는 도미니쿠스 링아이젠 베르크가 어떻게 해서 생겨났고,

▲ 아머 호수(Ammer See)를 바라볼 수 있는 전망 좋은 자리에 위치한 도미니쿠스 링아이젠 브라이트브룬
　출처: Goolge 지도

▲ 도미니쿠스 링아이젠
　신부(1835~1904)

▲ 도미니쿠스 링아이젠 베르크 레지나 총책임자

지역사회에서 주로 어떤 일을 하고 있으며, 독일의 장애인 정책 방향에 대해 설명해 주었다.

한 신부의 작은 생각이 지역사회를 바꾸다

도미니쿠스는 1884년 도미니쿠스 링아이젠(Dominikus Ringeisen) 신부가 독일 바이에른주 울스버그에 있는 허름한 수도원을 구입해 장애를 가진 사람들을 위한 최초의 교육기관을 설립하면서부터 시작되었다. 이후에 울스버그는 장애인들이 함께 생활하는 마을공동체로 성장하게 되었고, 지역에 있는 귀족과 지역주민들의 기부로 장애인시설이 하나둘씩 설립되었다. 장애인 마을공동체를 비롯해서 특수학교, 재활치료시설, 장애인 거주시설, 직업재활시설, 공동생활가정 등 약 30여

▼ 울스버그의 장애인 마을공동체 전경
　출처: Goolge 지도

개의 장애인시설을 운영하고 있는 도미니쿠스는 바이에른주의 대표적인 장애인 전문 가톨릭재단으로 자리매김하게 되었고, 현재는 수녀회에서 운영을 맡고 있다.

도미니쿠스 링아이젠 베르크 브라이트브룬은 장애 자녀를 둔 브라이트브룬의 한 유지가 자신의 아이와 같은 장애를 가진 아이들이 지역사회에서 지속적으로 잘 성장하고 생활할 수 있기를 바라는 마음으로 사유지를 수녀회에 기증하면서 탄생한 곳이다. 그는 생존해 있는 동안 다른 지역에서 큰 농장을 운영하며 브라이트브룬 시설이 안정적으로 운영될 수 있도록 재정적인 지원을 했다고 한다.

장애인의 자기결정권과 참여를 소중히 생각하다

성인 장애인 거주시설인 도미니쿠스 링아이젠 베르크 브라이트브룬에는 지적장애와 자폐성장애를 가진 장애인 109명이 생활하고 있는데, 최근에는 교통사고 등으로 뇌손상을 입은 중증장애인들도 이용하고 있었다.

이 중 39명은 외부활동(직업활동)을 하는 사람과는 달리 우리나라의 보호작업시설처럼 낮에만 이용하고 저녁에는 다시 집으로 돌아간다. 특히, 뮌헨 시내에 있는 중증장애인을 위한 공동생활가정에서 거주하면서 직업활동을 하는 사람들도 있다고 했다.

장애 정도와 유형, 그리고 직업 종류 등에 따라 8개 그룹으로 나뉜 성인 장애인들은 자신에게 맞는 프로그램에 참여하고 있었으며, 의사소통이 원활하지 않는 장애인을 위한 배려를 곳곳에서 찾아볼 수 있다는 점이 인상적이었다.

▲ 장애인들이 자기 물건을 찾거나 놓아둘 때 이해하기 쉽게 사진을 붙여 놓았다.

▲ 하나의 장식품이 완성되기까지 어떤 작업 과정을
　거치는지 한눈에 볼 수 있게 만들어 놓은 샘플

▲ 물고기 장식 완성품

　때마침 장애인들이 물고기 장식품을 만드는 과정을 참관할 수 있었
는데 나무 묶기, 실 꼬기, 실 나무에 엮기 등 5개의 제작 과정을 세분화
시킨 후 장애인 스스로 하고 싶은 일을 선택하여 참여할 수 있도록 하
고 있었다.

　이 물고기 장식품 외에도 열쇠고리나 불을 지필 때 쓰는 불쏘시개

등도 만들고 있었는데, 이 제조과정 역시 최대한 세분화하고 단순화시켜 중증장애인들도 함께 작업에 동참할 수 있도록 했다는 관계자의 설명을 들으며 중증장애인들의 참여를 도모하고자 노력한 브라이트브룬 시설만의 원칙과 진정성을 느낄 수 있는 시간이었다.

이렇게 완성된 장식품은 도미니쿠스에서 주최하는 바자회 등을 통해 판매되고 있으며, 수익금은 시설운영 등에 사용된다고 한다.

장애인과 비장애인 직원, 1대1로 함께하다

도미니쿠스 링아이젠 베르크 브라이트브룬은 장애인 109명에 대해 비장애인 직원 97명이 거의 1대1 케어서비스를 제공하고 있었다. 이는 주 정부와 지방 정부에서 직원들의 인건비를 지원하기에 가능한 일이라고 했다. 그래도 '주간 이용자와 직장 생활을 하는 장애인을 제외해도 86명 정도인데 어떻게, 어떤 방식으로 이러한 운영이 가능할까?'하는 의문이 생겼다.

우리나라 장애인시설과 마찬가지로 시설을 운영할 때 인건비가 가장 많이 들어갈 수밖에 없다고 말하는 레지나 씨. 또 장애인의 특성에 맞는 배려와 야간 근무 등을 고려하면 비장애인 직원들이 부족한 상황이라고 한다. 하지만 "모든 인건비는 국가에서 부담하고 장애인들의 체류 비용 또한 국가와 연금보험에서 부담한다."면서 장애인을 한 명씩 지원하는 원칙을 지켜 나가고 있다고 했다.

이쯤 해서 궁금한 점이 또 하나 생겼다. 탈시설화에 대해서는 어떻게 생각할까?

"탈시설화는 중요하다. 그러나 지역사회에서 장애인이 본인 의사에

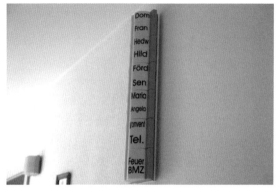

◀ 비장애인 직원이 무려
97명에 달하지만 위급한
상황을 대비해 복도마다
설치된 비상벨 시각화
장치

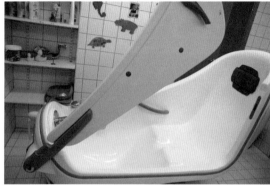

◀ 중증장애인을 위한
목욕보조기기

따라 독립적인 생활이 가능하게 하는 것이 더 중요하다고 생각한다. 그
뿐만 아니라 지역사회에서 활동하게 하는 것도 중요하지만, 중증장애
인들 중 일부는 24시간 돌봄이 필요한 상황이다. 24시간 동안 케어하
기 위해서는 무조건 탈시설화를 하는 게 바람직하진 않다고 본다. 그래
서 우리는 거주시설과 공동생활가정을 병행해서 운영하고 있다."

레지나 씨의 의견은 장애인 탈시설화를 바라보는 우리의 시각에 대
해 시사하는 바가 크다.

복도에는 시각화가 가능한 비상벨이 설치되어 있었다. 1인 1실로 구

성되어 있는 장애인들의 방 내부까지 모두 확인하기가 어렵기 때문에 위급한 상황에 비상벨을 누르면 된다. 비상벨을 잘 누를 수 있도록 철저한 교육 역시 뒷받침되어 있었고, 복도를 지나는 비장애인 직원이 눈으로 확인을 하고 바로 찾아갈 수 있도록 되어 있었다. 물론 시설의 모든 시스템을 행정사무실에서 일목요연하게 다 확인할 수 있도록 한 점도 인상적이었다.

목욕보조기기는 장애인이 아닌 비장애인 직원과 자원봉사자를 위해 설치되었다. 직원과 자원봉사자가 장애인의 목욕지원을 보다 용이하게 할 수 있도록 하여 노동 강도가 센 업무로 인한 직원들의 잦은 이직이나 자원봉사자의 활동 중단을 예방하고자 한 시설의 노력과 배려가 엿보였다.

장애인은 중증이건 경증이건 관계없이 사생활이 보장되어야 한다는 원칙하에 자기만의 방을 갖고 있었다. 1인 1실에 장애인 자신이 원하는 형태로 꾸며 놓고 생활을 하고 있었다. 한 뇌성마비 중증장애인은 자기 방에 아기자기한 생활 소품들을 직접 구매해서 꾸몄다고 한다.

"장애인의 인권은 소중하기 때문에 1인 1실로 장애인의 사생활을 최대한 존중하고 보장하는 시설로 갖추고 싶다."고 레지나 씨가 설명했다.

수요자 중심의 재활서비스를 실천하고 있는 독일

또 하나 놀라웠던 것은 단 1명을 위해 비싼 의료기기를 거주시설에 갖춰놓고 재활치료를 한다는 점이었다. 재활의학과 의사가 재활치료가 필요하다는 진단을 내리면, 단 1명에게만 필요하더라도 의료기기를 보험에서 지원해 줘야 할 뿐만 아니라 모든 비용은 보험에서 처리한다.

▲ 생활시설에 거주하는 단 1명의 장애인을 위해 마련된 재활치료기기

　우리나라는 거주시설에서 치료기기나 도구를 직접 구입해서 치료를 해야 한다. 독일과 한국의 의료서비스에 큰 차이가 있음을 실감한다. 주목하고 싶은 또 한 가지는, 어디에서 치료를 받든지 재활의학과 의사의 진단만 있으면 어떠한 장소에서 재활치료를 받더라도 보험처리가 되는 점이다. 치료 시에 필요한 재활치료기기 또는 보조기기는 보험회사에서 대여를 해 주거나 구매할 경우 비용을 보험사에서 부담하는 방식이다.

　이번 방문을 통해 독일의 장애인에 대한 서비스가 아주 섬세하고 개별화되어 있어 장애인의 의견이 반영된 사업이 충분히 가능할 수 있었음을 알 수 있었다. 물론 이러한 것들이 가능할 수 있도록 하기 위해서는 국가의 정책적인 기조를 반드시 우선해야 함은 더 말할 필요가 없을 것이다.

　우리나라의 장애어린이 가족들은 아이들이 성인이 되었을 때 어떻게 해야 할지를 걱정한다. 학교를 졸업해 복지관의 직업재활시설이나 주간보호시설을 이용하다가 40세 이상이 되면 집에 있어야 하는 한국. 반면에 독일에서는 장애인을 어릴 때부터 철저하게 국가가 책임지고 서비스를 제공한다. 물론 가족이 알아야 할 정보와 의료적, 사회교육적 서비스 그리고 성인이 된 장애인에 대한 대안을 포함해 가족이 부담해야 할 경제적인 부담을 해소하기 위한 우리 사회의 준비는 아직 부족하다.

독일 연수 동안 통역과 안내를 담당한 분의 자녀도 장애가 있다고 했다. 통역을 도와준 그 분의 아내는 장애어린이를 키우면서 자신이 별로 할 게 없다고 말했다. 아이에게는 학교와 병원, 재활치료기관에서 서비스를 지원해 정기적으로 관리해 주고 있고, 가족에게는 어떻게 해야 하는지 앞으로 무엇을 준비해야 하는지를 지속적으로 알려준다. 정책적인 서비스가 어떤 것이 있는지까지도 세부적이고 주기적으로 관련 정보를 제공하며, 모든 과정은 장애어린이 부모와 함께 의논하고 계획을 세워서 진행하고 있었다.

"한국에서도 이러한 정책과 서비스가 우선된다면, 장애어린이가 성인이 되었을 때 국가와 국민이 서로 부담해야 할 사회적 비용을 최소화할 수 있을 것"이라고 강조했다.

그 분의 이야기에 푸르메재단이 마포에 지은 어린이재활병원이 나아갈 방향을 그려 본다. 어린이재활병원의 역할이 단순히 의료적 재활에만 중심을 두지 않았으면 한다. 성장기에 이뤄질 수 있는 다양한 접근의 치료와 교육 등의 서비스가 장애어린이의 성인기를 준비하는 하나의 과정이 될 수 있었으면 한다. 그 과정에서 장애어린이와 가족의

선택을 존중하며, 전문가를 비롯한 지역사회가 함께 고민하고 참여하
여 목표와 계획을 수립할 수 있기를 바란다.

고재춘

도미니쿠스 링아이젠 베르크 브라이트브룬(Dominikus-Ringeisen-Werk Breitbrunn)

주소 Münchener Str. 1 82211 Breitbrunn

전화 08152-9230-132

홈페이지 www.dominikus-ringeisen-werk.de

이메일 regina.hermans@drw.de (Regina hermans)

03

재활병원

▲ 설립자 5명의 초상화가 걸려 있는 병원 로비

어머니들의 기부로
어린이병원을 세우다
미국 밸리 어린이병원

라나다 길드, 병원 건립의 마중물 역할

"오늘의 병원을 만든 사람이 5명의 여성입니다. 이들은 2차 세계대전의 충격과 가난 속에 있던 어린이들에게 어머니가 되어 줬습니다." 기부자들의 이름이 유리에 빼곡히 새겨진 기부벽을 지나 유럽의 대성당에서 볼 수 있는 반구형 천정과 대형 세계지도가 그려진 로비에 들어서자 벽면에 걸린 여성들의 초상화가 나타났다.

샌프란시스코에서 남쪽으로 400km 떨어진 작은 도시 프레즈노(Fresno) 북부에 있는 밸리 어린이병원(Valley Children's Healthcare)을 세우는 데 크게 기여한 5명의 어머니들이다. 아그네스 크로켓(Agnes Crocket) 여사가 라나다 길드(Llanada Guild) 조합을 결성해 1949년에 기부한 5477달러가 병원 건립의 마중물이 되었고, 다른 4명의 여성과 수많은 시민들이 동참하면서 당시로는 거액인 32만 5000달러가 모금됐다.

70년이 지난 현재의 병원은 소아과, 어린이재활의학과, 신생아집중치료 분야로 나눠 358개 병상을 갖추고 550명의 의사가 근무하는 캘리포니아 최고의 어린이병원으로 자리 잡고 있다. 그럼 병원이 발전하는 데 크게 기여한 아버지는 없을까? 안내를 맡은 사회복지사 콜린 앨드릭(Colleen Aldrich) 씨는 "절대 그렇지 않다."고 손사래를 친다. 언덕 위에 위치한 7만 평의 광대한 병원 부지를 기부해 준 사람이 바로 농부라는 것이다.

기부, 봉사, 헌신이 모여 최선의 치료 제공

한 아이가 잘 자라 건강한 성인이 되기 위해서 가족과 친척, 그리고 이웃의 관심과 사랑이 필요하다. 비영리재단이 운영하는 밸리 어린이병원도 그 씨앗이 땅에 뿌려져 오늘이 있기까지 가장 먼저 병원 부지를 기부해 주고, 그 땅 위에 병원을 세워 빈틈없이 운영하며 설립목적에 맞게 어린이를 최선을 다해 치료하기까지 기부와 봉사 등 얼마나 많은 사람들의 헌신이 필요한지 절감하게 된다.

푸르메재단이 2016년 4월 서울 마포구 상암동에 개원한 어린이재활병원도 2007년부터 9년 동안 1만 명이 넘는 시민들과 500개의 기업 및 단체가 뜻을 모아 440억 원이 넘는 기금을 모금해 건립됐다. 이런 노력이 결실을 맺어 현재 매일 500명, 연간 15만 명이 넘는 장애어린이들이 치료받고 있다. 기적이 아닐 수 없다. 되돌아보면 이런 기적을 만든 것은 다름 아닌 수많은 기부자와 함께 우리 사회의 성숙한 기부문화가 아닐까 한다.

뾰족 지붕으로 이뤄진 밸리 어린이병원은 외형부터 디즈니랜드나

▲ 밸리 어린이병원 본관 입구
▲ 기부자들의 이름이 새겨진 기부벽

에버랜드를 닮았다. 병원 진입로에는 코끼리와 말 등 아이들이 좋아하는 동물 모습을 살아있는 나무로 조각해 놓았다. 병원 현관에 조지(George)라는 이름을 가진 기린 두 마리가 버티고 서있다. 병원의 마스코트다. "왜 기린이 마스코트가 됐느냐?"는 질문에 콜린 씨는 "기린은 지구상에서 새끼를 낳는 포유류 중 가장 큰 심장을 가지고 있고, 큰 심장은 어머니의 마음을 상징하기 때문"이라고 설명한다.

환자와 이용자 눈높이에 맞춰 공간 구성한 병원

병원은 크게 외래재활센터와 입원병실, 응급실, 신생아집중치료실, 영상의학실, 환자 가족이 머물 수 있는 가족호텔 '로날드 맥도널드 하우스(Ronald McDonald House)'로 나눠져 있다. 병원 안내를 위해 물리치료사인 캐롤 쿠루시마(Carol Kurushima) 씨가 나왔다. 그를 따라 물리치료실과 수유실(feeding room), 자폐진단센터, 척수장애 및 뇌질환 중증장애어린이를 위한 특수치료실 등을 차례로 둘러봤다. 모든 공간이 누구나 쉽게 찾을 수 있고 어린이의 눈높이에 맞춰져 있었다.

메인 로비와 치료실, 입원실, 복도, 계단 등 병원 내 모든 공간을 하늘색, 연두색, 주황색, 초록색 등 밝고 따뜻한 질감의 색으로 칠해 유치원이나 초등학교에 온 것처럼 경쾌하면서도 편안한 느낌을 준다. 이런 특징 때문에 치료를 받는 어린이는 물론 환자 가족과 방문객조차 병원에 머물고 싶을 생각이 들 것 같다.

작업치료실이 비어 있기에 "오늘 치료가 없느냐?"고 물었더니 캐롤 씨는 정색하며 "잠깐 쉬는 시간"이라고 대답한다. "아침 8시부터 오후 5시까지 진행되며 치료사들은 세션이 1시간인 경우 7명을 치료해야 하고, 30분 세션의 경우에는 14명의 치료를 채워야 한다."고 설명한다. 한국 병원과 비교해 미국 병원의 치료사들은 여유 있게 일할 것이라고 생각했는데, 하루 7시간 치료를 해야 한다니 노동 강도 면에서 우리보다 더하면 더했지 덜하지 않았다.

작업치료실에 톱과 망치와 드릴로 된 플라스틱 공구세트가 인상적이다. 손 기능을 돕기 위한 치료도구로 톱과 드릴이 사용된다니 낯설다. 하지만 못을 박고 나무를 자를 때처럼 생활에 필요한 활동을 작업치료에 응용한다는 발상이 재미있다.

20년 전 독일에 살 때 딸아이가 다니는 유치원 학예발표회에 참석한 적이 있다. 꼬마들의 율동과 합창 같은 장기자랑을 기대했는데 웬걸 남자아이는 물론 여자아이들도 나서서 송판에 못을 구부리지 않고 얼마나 빨리 박을 수 있는지, 각목을 누가 빨리 자르는지 시합하는 것을 보고 놀랐다. 서양 사람들의 실용적인 생활철학이 어린이재활치료에도 적용되는 것이 낯설고도 현실적이었다.

밸리 어린이병원만의 특화된 프로그램

지하 1층에는 부모들을 위한 도서관이 자리 잡고 있다. 자신의 아이가 어떤 증상을 가졌고 긴급 상황이 발생하면 어떻게 대처해야 하는지 보호자들이 학습하는 공간이라고 한다. 한국에서는 부모들이 포털사이트를 검색하고 다른 부모의 정보에 의존해 의학 지식을 얻는 데 반해 이곳은 부모들이 직접 병원 도서관을 찾아 의학서를 뒤지고 관련 논문을 검색한다니 문화적인 차이가 실감난다.

1층 복도를 지나다 평범한 사무실 문을 열고 들어간 곳이 놀랍게도

◀ 작업치료실에 있는 공구세트

수 치료실이었다. 한국에서는 수조 때문에 보통 건물 지하나 병동의 외진 곳에 설치된 수 치료실이 1층 한복판 엘리베이터 옆에 존재한다니 신기하다. 우리 같으면 수 치료실 옆에 칸막이 탈의실과 샤워실, 치료도구창고 등 많은 부속시설이 필요할 텐데 이곳은 10평 규모의 욕조와 체중이 무거운 사람을 옮길 수 있는 작은 기중기만 달랑 놓여 있다.

뇌신경 계통의 바이러스 감염과 척수장애가 있는 중증어린이들이 입원한 병동 입구에서 자원봉사를 하시는 할머니가 큰 개를 데리고 있는 모습이 보였다. '어린이병원에서 웬 개?'하고 의아했는데 아이들을 위한 자원봉사 프로그램이라고 한다.

14년차 간호사인 자크 데이비슨(Jacque Davidson) 씨에 따르면 "입원 생활에 지친 어린이들을 위해 할머니 봉사자가 개를 데리고 입원 병실을 돌면 아이들이 제일 반긴다."고 설명한다. 개와 고양이를 쓰다듬

▲ 쉽게 이용할 수 있게 구성된 수　　▲ 입원 어린이를 위해 '찾아가는 동물서비스'를 제공하는 자원
　　치료실　　　　　　　　　　　　　　봉사자와 개

고 말을 타는 동물매개치료가 장애로 굳어진 어린이의 몸과 마음을 푸
는 데 가장 좋은 치료라는 것이다. 어린이를 찾아가는 동물서비스가 한
국 병원에도 도입되면 좋을 것 같다.

　유치원 놀이방처럼 알록달록한 병실에 밤이 오고 천장에서 은하수
별이 반짝인다면 아이들은 분명 탄성을 지를 것이다. 하지만 매일 반짝
이는 은하수별에 싫증을 느낄 무렵, 또래의 친구들이 찾아온다면 갑갑
하고 재미없는 병원 생활에 새로운 생기를 불어넣을 것 같다.

　이 병원에서 특화된 것 중 하나가 친구 자원봉사 프로그램. 보이스
카웃 청소년들이 휠체어를 타는 입원 어린이들과 농구와 배구, 암벽 등
반을 함께할 뿐 아니라 또래의 고민을 들어주는 '친구 되어주기' 봉사
프로그램을 운영하고 있다고 한다. 병원에서 재활치료를 받고 퇴원한
청소년 네 사람이 어린이들을 위한 자원봉사를 하고 있단다. 이중 교통
사고로 크게 다쳐 휠체어를 타는 16살 소년이 정기적으로 입원한 어린
이들의 공부를 도와주고 있다는 말에 적지 않은 감동이 밀려온다. 나와

▲ 응급 환자 이송용 헬기와 이착륙장

같은 고통을 가진 형과 오빠가 나를 찾아와 준다면 마음의 문을 열 수 있을 것 같다.

환자 보호자와 가족을 위한 배려, 로날드 맥도날드 하우스

다른 어린이병원에 없는 특별한 것이 이곳에 하나 있다. 집이 멀거나 가난한 가족을 위한 무료 가족호텔인 '로날드 맥도날드 하우스(Ronald McDonald House)'를 운영하는 것. 로날드 맥도날드 하우스는 맥도날드재단을 중심으로 많은 기업이 기부에 동참하면서 미국 사회공헌 사업의 좋은 모델이 되고 있다. 건물 입구에는 '마음 영웅들(Heroes of The Heart)'이라고 명명된 기부벽이 자리 잡고 있다. 이곳에는 맥도날드 사를 비롯해 미국 최대 통신사인 AT&T, 매시백화점, 대형 농장, 건설

250

◀ 병원 본관을 오가는
순환버스와 맥도날드
인형이 있는 가족호텔 입구

◀ 로날드 맥도날드 하우스
입구에 자리한 기부벽

◀ 로날드 맥도날드 하우스 객실
내부

회사 등 200여 개 회사와 단체의 이름이 새겨져 있다.

날개처럼 펼쳐진 두 개의 건물에는 4성 호텔급 객실 18개가 자리 잡고 있고 건물 중심에는 밥을 해 먹을 수 있는 공동주방과 세탁실, 거실이 갖춰져 있다. 방 입구마다 매시백화점과 병원직원협회 등 객실을 만드는 데 도움을 준 기업과 사람들을 기리는 안내판이 붙어 있고, 방으로 들어가자 침대와 TV, 냉장고에도 도움을 준 사람들의 이름이 붙어 있다.

로날드 맥도날드 하우스 전체가 기부 박물관이다. 식사를 제때 챙기기 어려운 환자 가족을 위해 다른 자원봉사자들이 식단을 짜고 날을 정해 온 가족이 함께 식사를 마련하는 모습이 아름답다. 아마 이런 모습이 수많은 문제점과 사회적인 혼란에도 불구하고 미국 사회를 건강하게 지탱하고 있는 저력이 아닐까 한다. 시민 기부로 건립돼서, 기부로 운영되고 있는 프레즈노의 밸리 어린이병원은 우리에게 적지 않은 시사점을 주고 있다.

백경학

밸리 어린이병원(Valley Children's Healthcare)
주소 9300 Valley Children's Place Madera, CA 93636-8762
전화 559-353-3000
홈페이지 www.valleychildrens.org

이웃을 돕는
100년의 역사가 깃든 재활 현장
일본 아이치현 제생회 재활병원

2015년 12월, 그동안 푸르메재단이 꿈꾸어 왔던 '푸르메재단 넥슨 어린이재활병원'이 마포구 상암동에 건립됐다. 재활치료가 필요한 30만 명의 장애어린이와 가족들도 얼마나 오랫동안 기다려 왔는지 모른다. 어린이재활병원을 성공적으로 운영하기 위해 우수한 시설뿐만 아니라 운영의 노하우를 살펴보는 일도 중요하다.

사회복지법인 은양재단 제생회(社会福祉法人 恩賜財団 濟生会)에서 건립해 운영하고 있는 아이치현 제생회 재활병원(愛知県 濟生会 リハビリテーション病院)을 찾았다. 어린이재활병원에 무엇을 적용할 수 있을지 배울 점이 많은 곳이었다.

생활고를 겪는 사람들을 돕기 위한 첫걸음

병원의 나가시마(長嶋正實) 원장이 넉넉한 미소를 지으며 반갑게 맞이해 주었다. 부원장, 간호과장, 치료실장 등 관계자들이 자리를 함께

▲ 나고야에 위치한 아이치현 제생회 재활병원 전경. 개원한 지 2년이 채 되지 않은 최신식 시설을 자랑한다.

해 아이치현 제생회 재활병원의 설립 이념과 병원 전반에 대한 소개, 일본 의료의 방향성에 대한 자세한 설명을 들을 수 있었다.

　제생회는 메이지국왕이 생활에 어려움을 겪고 있는 사람을 의료로 돕기 위해 메이지 44년(1911년)에 설립한 사회복지법인이다. 전국 100개의 병원과 진료소, 300여 개의 복지시설 등을 운영하고 5만 6000명이 근무하는 일본 최대의 기관이다. 세 가지 목표를 갖고 활동하고 있다.

　먼저, 생활고를 겪고 있는 불우한 이웃을 적극적으로 지원한다. 생활보호수급자를 비롯해 경제적인 어려움에 처한 사람의 의료비를 무료로 지원하거나 덜어 주는 '무료진료사업'을 적극적으로 펼친다. 연 190만 명이 혜택을 받고 있다.

두 번째로, 의료 사각지대에 있는 취약계층에게 질적·양적으로 효과적인 의료서비스를 제공한다. 초급성기에서 아급성기, 만성기 단계에 맞게 항상 환자의 입장에서 첨단 기술을 바탕으로 한 최신 의료서비스를 제공한다. 또한, 재해가 발생하면 직원을 파견해 구명 구급에서 심리적인 지원까지 단계에 맞는 의료서비스를 지원한다. 피해자들이 재해 발생 이전의 생활로 돌아갈 수 있도록 기반을 마련하는 데 도움을 준다.

마지막으로 지역사회 주민들이 필요로 하는 보건의료서비스와 사회복지서비스를 제공한다. 지역의 조직들이 서로 연계된 상태에서 시설, 설비, 사람 등 모든 자원을 동원해 종합적이고 완벽한 서비스를 제공하는 것이다. 노인과 어린이, 장애인이 사회의 당연한 구성원으로서 더불어 살 수 있는 지역을 만들기 위해 노력하고 있다.

일본의 보건의료제도를 살펴보면, 일본의 의료보장은 의료보험제도를 비롯하여 공비부담의료제도, 노동재해보험, 자동차보험 등으로 구성된다. 일본의 의료보험 체계는 1961년 시작되어 1989년 이를 달성한 우리보다 28년 앞서 있다. 일본의 의료보장은 사회보험 방식에 의한 것으로 과거 우리나라가 이를 도입하였다. 이에 따라 한국과 진료비 보수 체계도 매우 유사한 구조와 항목으로 구성되어 있다.

진료보수 점수표는 건강보험법에 근거한 고시로서 발행되어 국민건강보험법, 선원보험법, 공제조합법 등에서도 그것을 준용하게 되어 있다. 그 내용은 제도 발족 이래, 총액 지불방식이 채용되어 왔지만, 2003년에 '진단군 분류(DPC: Diagnosis Procedure Combination)'에 근거한 포괄적 지불 방식이 도입되어 현재는 양자가 병용되고 있다. 행위별

	국민건강보험	정부관장건강보험	조합관장건강보험
피보험자	자영업자, 무직자	중소기업 피고용자	대기업 피고용자
가입자 수	4738만 명	3594만 명 본인(1950만 명) 가족(1644만 명)	3041만 명 본인(1543만 명) 가족(1498만 명)
가입자 평균연령	55.2세	37.4세	35세
고령자 가입비율	22.5%	3.9%	1.8%
1인당 의료비	17.4만 엔	11.7만 엔	10.1만 엔

출처: 후생노동성 홈페이지 www.mhlw.go.jp/bunya/iryouhoken/iryouhoken01/01.html

수가가 근간이 되는 체계에 진료행위 수가 구성도 양국 공히 의료행위별 분류 점수와 점수당 단가로 구성되어 있다.

보험 관련 조직으로는 피고용자 보험인 건강보험과 지역보험인 국민건강보험으로 나누어진다. 보험급여율은 입원외래가 원칙적으로 70%, 본인 부담은 30%이다. 이와 더불어 고액요양비 제도가 있어 일부 부담금이 소득에 따라 정해진 한도액을 초과하였을 때 환불을 해 주는 제도이다.

일본에는 70세 이상의 고령자를 대상으로 하는 노인보건제도를 운영하고 있는데, 이는 국민건강보험의 노인 일부 부담을 지방자치단체가 전부 또는 일부를 공비로 부담하는 제도이다. 노인보건제도에서는 노인의료비 거출금 제도를 채용하였는데, 피고용자보험에는 고령자가 적고, 현역 세대가 퇴직 후 가입하는 국민건강보험은 고령자가 많아 생기는 보험자 간의 불공평성을 시정하기 위해서이다.

2008년 4월부터는 재정상의 이유로 노인보건제도를 대신하여 후기고령자 의료제도(통칭 장수고령자 의료제도)가 시행되었다. 동 제도는

▼ 일본 보험 급여

급여지급		국민건강보험(시면읍)	건강보험(직장인)
의료비지급	요양급여 방분산호 요양비	• 만 2세 이하: 80%, 만2세 이상 70세 미만: 70% • 70세 이상 75세 미만: 80%(과세소득이 연 145만 엔 이상인 경우 70%)	
	입원 식사비용	• 식사요양표준부담액: 260엔(1식) • 저소득자: 210엔(1식) • 저소득자로 90일 이상 입원: 160엔 • 특히 소득이 낮은 저소득자(70세 이상): 100엔	
	입원생활 요양비	생활요양비표준부담액: 460엔+320엔(주거비) 저소득자: 201엔(식사)+320엔(주거비) 특히 소득이 낮은 저소득자: 130엔(식비)+320엔(주거비) 노령복지연금수급자: 100엔(식비)+0엔(주거비)	
의료비지급	고액 요양비 *의료비 한도액	70세 미만의 자 (상위소득자) 150,000엔+(의료비- 500,000엔)x1%(83,400엔) (일반) 80,100엔+(의료비- 267,000엔)x1%(44,400엔) (저소득자) 35,400엔 (저소득자 중 특히 소득이 낮은자) 24,600엔	70세 이상 75세 이하 (소득자) 80,100엔+(의료비- 267,000엔)x1%(44,400엔) (일반) 44,400엔 (저소득자) 24,600엔 (저소득자 중 특히 소득이 낮은자) 15,000엔
현금지급	출산육아 일시금	원칙적으로 42만 엔 (산과의료보상제도의 가산대상출산이 아닌 경우, 39만 엔)	출산육아 일시금 · 가족 출산육아 일시금 ／ 피보험자 또는 피부양자 출산한 경우, 원칙 42만 엔 지급 (산과의료보상제도의 가산대상출산이 아닌 경우는 39만 엔)
	장례비	1~5만 엔 정도, 시면읍이 많음	장례비 ／ 피보험자가 사망한 경우, 유족 5만 엔 지급
			가족 장례비 ／ 피부양자가 사망한 경우, 피보험자에 대해 5만 엔(대부분 시면읍 실시)
	상병수료	임의 급여	피보험자가 업무 이외의 사유, 요양으로 인해 근로에 종사할 수 없는 경우, 그 기간 중 1년 6개 월, 1일 표준보수일 기격의 3분의 2 지급
	출산수료		피보험자 본인이 출산휴가 중(출산일 이전 42 일부터 출산일 이후 56일까지) 1일 보수액의 3 분의 2 상당 금액 지급

출처: 후생노동성 홈페이지 www.mhlw.go.jp/bunya/iryouhoken/iryouhoken01/01.html

예전 노인보건제도를 대신해 75세 이상의 후기 고령자(일정 이상의 장해가 있는 사람은 65세 이상)를 대상으로 한 보험제도이다.

일본의 초고령화 … 노인 의료를 고민하다

나가시마 원장은 과거에 노인 1인당 부양하는 젊은이가 약 9.1명 정도 된다고 설명했다. 그러나 현대에 와서 2.4명당 1명, 노인 1명당 1명으로 바뀌는 추세이며, 노인이 노인을 부양하는 시대가 다가왔다고 설명했다. "일본은 2015년 65세 이상의 비율이 26.8%으로 현재 초고령화 사회에 접어들었으며 한국 또한 일본과 다르지 않다."고 말했다. 65세 이상 인구의 비율이 7%일 때 고령화 사회이고, 14%가 고령사회, 20% 이상일 때 초고령화 사회라고 한다. 한국의 고령화 속도는 세계 최고 수준으로 일본보다 훨씬 빠르다. 한국은 2018년에 고령사

▲ 나가시마 원장이 일본의 고령화 비율이 늘어나는 만큼 노인 의료비 지출도 증가하고 있다고 설명했다.

258

	2012년	2015년	2025년	2055년
65세 이상	24.0%	26.8%	30.3%	39.4%
75세 이상	11.8%	13.0%	18.1%	26.1%

회, 2026년에 초고령화 사회를 맞이하게 될 것이다. 최근 미국의 컨설팅 회사인 맥킨지앤컴퍼니에서 조사한 일본의 65세 노인 인구에 대한 증가율을 살펴보면 2020년에는 29%, 2040년에는 36%로 크게 차이가 나지 않는다.

지금 일본은 노인 의료에 대한 고민이 점차 늘고 있다고 한다. 2014년 전체 의료비 50조 엔(약 500조 원) 중에서 노인 의료비는 22조 엔(약 220조 원) 이상으로 비율이 증가하고 있다. 이런 현상을 반영하듯 아이치현 제생회 재활병원의 환자 대부분은 노인이다.

성인과 노인 중심의 최신 재활치료 현장

아이치현 제생회 재활병원은 제생회 설립 정신을 기반으로 보건·의료·복지·간호 서비스를 제공한다. 1932년 나고야클리닉으로 시작해 2013년 급성기병원에서 아급성기병원으로 전환했다. 당장 사회복귀가 어려운 환자의 회복을 돕는 재활치료에 집중하게 된 것이다.

아이치현 제생회 재활병원은 전국 제생회 병원 중에서 가장 최신식으로 지어졌다. 전체 4개 병동에 199개의 병상을 갖췄고 직원은 의사와 간호사, 치료사 등 270명이다. 어린이보다는 성인과 노인을 위주로 재활치료를 하는 것이 다소 아쉬웠으나, 최신 재활치료시설을 견학하기에는 부족함이 없어 보였다.

◀ 입원 환자 위주로 재활치료를
실시하고 있는 치료실의 모습

◀ 환자가 퇴원 후에 병원에서 치료를
받던 환경과 흡사한 모습으로
구현시켜 주는 장비. 몸에 맞게 욕실의
높이와 규격, 안전 바의 위치를 설정해
볼 수 있다.

▲ 퇴원 후 환자가 일상에서 재활할 수 있도록 일본 전통
가정집을 재현해 놓은 환경

▲ 병동에 입원한 환자가 치료실까지 가야 하는
불편함을 느끼지 않고 언제든지 치료를 받을 수
있도록 각 층에 구성된 물리치료 공간

아이치현 제생회 재활병원은 세 가지 기본방침을 통해 운영되고 있다. 이 기본방침의 첫 번째는 인간성을 존중하는 마음을 가진 양질의 재활서비스를 제공하고 환자의 자립을 지원하는 것이다. 두 번째는 생활상담이나 건강진단을 통해 치료가 어려운 사람들의 건강 증진에 기여하는 것이며, 마지막은 직원들이 자기 연구에 힘써 지식과 기술의 향상에 노력하고 일하기 좋은 직장을 만들기 위해 노력하는 것이다.

집중치료에서 사후관리까지

아이치현 제생회 재활병원의 목적은 환자의 빠른 재활과 퇴원 후 사회복귀이다. 어린이와 외래 환자가 아닌 입원 환자를 대상으로 치료하고 퇴원 후 통원 치료를 제공한다. 의료서비스뿐만 아니라 일상생활 복귀를 지원하는 프로그램도 다양하게 실시하고 있다.

병동에는 일본의 가정집 형태의 시설을 설치해 놓고 일상생활 기기를 다루는 훈련을 진행한다. 환자가 치료를 받으러 가는 불편함을 해소하기 위해 각 층마다 물리치료 공간과 언어치료실을 구성하기도 했다. 환자의 빠른 치료를 위해 환자가 언제든지 스스로 치료를 할 수 있도록 재활 공간을 마련한 점이 놀라웠다.

생활이 치료가 되는 공간

전반적으로 환자 중심으로 설계된 점이 돋보였다. 일반적으로 병원 관계자 입장에서 설계가 이뤄지는 현실과는 달랐다. 아이치현 제생회 재활병원은 환자가 모든 공간에서 치료를 받을 수 있는 형태로 되어 있었다. 병실과 화장실이 분리되어 있는 한국의 많은 병원과는 달리, 각

▲ 화장실은 치료의 일환으로 병실 밖에 마련되어 있다.

▲ 환자가 불편함 없이 신체적, 심리적 안정을 취할 수 있도록 구성된 병실 내부

▲ 환자 혼자서 목욕을 할 수 있도록 마련된 자동욕조기

▲ 사회복귀를 돕기 위해 일본 가정에서 볼 수 있는 욕조 형태를 갖춘 일반 샤워실 내부

병실의 화장실과 세면실은 밖에 있었다. 왜 그럴까? 환자가 화장실을 이용하는 것도 치료의 일부라 생각하기 때문이라고 한다. 화장실의 개수도 생각보다 많았다. 환자의 대부분을 차지하는 노인들이 화장실을 자주 가는 특성을 배려한 것이라고 한다.

또 다른 특이점은 거의 모든 화장실이 장애인 편의를 고려해 구성되어 있다는 것이다. 휠체어를 보관하는 장소라든지 곳곳의 장애인을 위한 시설들도 눈에 띄었다. 재활치료를 받는 환자들을 위해 이용자 편의 중심으로 운영되고 있었다. 전체 모습은 일반 재활병원보다는 우리나라의 요양병원에 더 가깝다고 할 수 있다.

입원 환자의 평균 재원 일수는 72.9일. 치료가 끝난 환자의 77%는 집으로 돌아가고 남은 환자 중 약 72%가 타 시설료 치료를 받으러 간다. 입원에서 퇴원, 그리고 퇴원 이후까지 관리하는 아이치현 제생회 재활병원의 모습은 의료서비스의 경쟁에서 긍정적인 측면을 보여준다. 환자가 편안하게 치료를 받을 수 있도록 노력하는 모습이 여기서 내세우는 큰 장점이다. 별다른 지원 없이 독자적인 수익구조를 가지고 운영된다는 점도 장점이다.

병원은 영리를 추구하는 곳이 아니지만, 적자가 누적되는 구조가 지속된다면 치료를 받고 싶어 하는 환자들이 치료받을 시기를 놓치고 이 병원 저 병원을 돌아다니며 기다려야 하는 일이 계속될 수밖에 없기에 적자 해결 방안은 병원에게 중요한 일이다.

병원의 최종 목적은 환자가 제대로 치료를 받고 집으로 돌아가도록 하는 것이 아닐까? 푸르메재단 넥슨어린이재활병원에서 장애어린이들이 필요한 치료를 제때 제대로 받고 집으로 돌아가는 모습을 그려본다. 이것은 푸르메재단이 할 수 있는 중요한 역할이다.

오병관

아이치현 제생회 재활병원(愛知県済生会リハビリテーション病院)
주소 〒451-0052 名古屋市西区栄生一丁目1-18
전화 052-571-5251
홈페이지 www.aichi.saiseikai.or.jp

장애어린이의 재활과
배움을 동시에
독일 아샤우 어린이재활병원

독일의 탁 트인 고속도로를 달리며 한적한 시골 풍경을 구경한 지 한 시간쯤 되었을까. 전면이 투명한 유리창으로 되어 있는 아샤우 어린이재활병원(Kinder-Behandlungszentrum Aschau GmbH)에 도착했다.

병원에 들어서자마자 인공암벽등반 구조물이 눈에 띄었다. 아이들이 병원에 대한 두려움을 떨치고 편안함과 호기심을 느낄 수 있도록 설치되었다고 한다. 물론 이 또한 재활치료의 과정에 속한다. 우리가 방문했을 때 마침 한 장애어린이가 치료사의 도움을 받아 인공 암벽등반 구조물을 오르고 있었다. 어른이 보기에도 꽤 높아 보였지만 안전장치를 완벽하게 갖춰 놓고 있어 이용하는 데 별 문제가 없어 보였다. 인공 암벽등반 구조물을 통해 근육을 발달시키거나 성취감을 느껴보는 등의 치료 효과를 얻을 수 있다고 한다.

잠깐 둘러보던 중 복도에서 친절하게 인사를 건네는 직원이 있었다. 병원에 대한 안내와 전반적인 설명을 맡은 권터 마이어(Günther

▲ 독일 남부 지역에 위치한 아샤우 어린이재활병원의 전경

◀ 한 장애어린이가 인공 암벽등반
구조물에 오를 준비를 하고 있다.

Mayer) 씨였다. 귄터 씨는 아샤우 어린이재활병원의 치료 파트 책임자로서 사회복지, 물리치료, 심리학을 전공한 의료 전문가이다.

치료와 교육을 병행하는 구조

아샤우 어린이재활병원의 가장 큰 특징은 학교와 기숙사를 함께 운영한다는 점이다. 병원 고유의 기능인 치료와 학교의 주요 기능인 교육을 병행하고 있는 구조이다. 또 병원의 중심에는 어린이의 장애를 조기에 발견하여 개입하는 전문가 팀이 있다. 이러한 구조와 역할은 독일 남부 지역의 어린이 재활 영역에서는 큰 자랑거리라고 한다.

사회복지사로서 가장 인상에 남았던 부분은 가족 중심의 재활치료와 특수교육의 개입이었다. 여기서는 장애를 지니고 있는 아이에게만 집중하지 않는다. 그보다는 아이를 둘러싼 가족과 모든 과정을 의논해 치료와 교육을 진전시켜 나간다. 이것이 아샤우 어린이재활병원이 장애어린이 재활치료 영역에서 부각되는 이유라는 생각이 든다.

약 120년의 역사를 간직한 아샤우 어린이재활병원. 3층 건물에 총 69개의 병상을 갖춘 병원동과 130여 명의 장애어린이들이 교육을 받을 수 있는 학교동으로 이루어져 있다.

주로 중복장애를 가진 어린이들이 많이 이용한다. 장애어린이의 약 70% 이상이 선천적인 장애에 해당되며 취학연령대에 속하는 6~14세의 아이들이 전체 이용자의 50% 이상을 차지하고 있다.

병원과 학교는 설정한 기본 방향에 따라 치료와 교육을 진행한다. 병원에서는 '장애'로 부각되는 부분적인 해결만을 위한 수술이나 치료에 집중하지 않는다. 병원에서는 어린이의 신체적, 심리적인 기능을 고

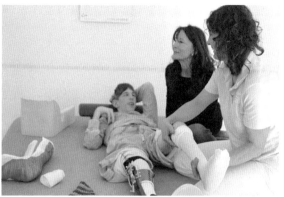

▲ 아샤우 어린이재활병원 귄터
　치료 파트 책임장

▲ 물리치료사로부터 재활치료를 받고 있는 장애청소년과 곁을 지키는
　어머니(가운데)의 모습. 치료사는 아이가 집에 돌아가서도 재활이 이어질
　수 있도록 가족들에게 치료과정을 상세히 설명해 준다.

▲ 미술 작품을 걸어 밝게 꾸며진 병원동은 벽을 사이에 두고 보호자 대기석(좌)과 복도(우)가 구분되어 있다.
　아이들이 치료를 받는 동안 보호자들이 편하게 쉴 수 있도록 배려한다.

려해 성장을 예측하고 일상생활과의 관계를 살펴본 후, 재활치료의 방

향과 방법을 결정한다.

장애어린이와 가족, 병원 학교와 연계시스템 갖춰

학교는 일반 학교에서 통합교육을 받기 어려운 장애어린이에게도 열려있다. 주간보호(방과 후 프로그램)와 치료기능을 보강해 교육을 받을 수 있는 기회를 제공하고 있다. 전체 130여 명의 학생 중 55명이 주간보호와 학교 내 치료 프로그램을 이용하고 있다. 특수 교사와 보조 교사가 어린이와 청소년들을 각 2~3명씩 맡아 지원한다.

장애어린이의 교육에 있어 가족의 역할은 치료과정에서처럼 매우 중요하다고 말한다. 가족과 적극적으로 소통하며 함께하려는 학교의 노력이 매우 인상적이었다.

장애어린이와 가족, 병원과 학교의 연계와 협력이 잘 되어 있는 아샤우 어린이재활병원. 그렇다면 한국의 현실은 어떨까? 대한소아재활·발달의학회 웹사이트에 따르면, 전문 의료인이 장애어린이의 재활에 관심을 갖고 관련 학회가 구성된 것은 2000년대 들어와서부터라고 한다. 서울을 포함해 16개 광역시·도에 어린이 재활 관련 의료시설이 한 곳도 없는 지역이 10개에 이른다. 장애를 지닌 어린이와 가족에게 얼마나 우리나라의 어린이 재활시스템과 인프라가 척박한지를 알 수 있다.

병원과 학교 그리고 기숙사가 동시에 운영되는 특성상 재정도 각각 다르게 지원된다. 보험회사가 병원을 지원하고 바이에른주 정부가 학교를 지원한다. 기숙사는 하위 단위의 정부 기관이 지원한다.

이 병원은 인근 유럽 국가나 아랍 국가 등 다양한 국가의 어린이들이 이용한다. 보험이 적용되지 않는 외국의 장애어린이들을 치료하는 것이 운영에 큰 도움이 된다고 한다. 그럼에도 불구하고 법규에 따라 이

▲ 집처럼 편안한 환경에서 교육받을 수 있도록 조성된 교실. 몸이 불편한 중증장애인은 침대(사진 왼쪽 부분)에 앉아서 수업을 받을 수 있다.

▲ 장애어린이가 유지해야 하는 자세에 맞게 높낮이를 조절할 수 있는 책걸상

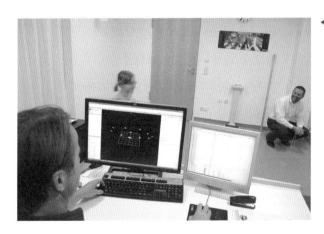

◀ 장애어린이의 움직임을 분석해 관절, 뼈 등에서 이상 징후를 발견하는 데 유용한 바이컨 시스템을 사용하는 모습. 첨단 장비를 통해 장애의 정도를 파악해 분석의 지표로 활용하고 있다.

용자의 최소 50%를 바이에른주에 사는 장애어린이로 제한하고 있다.

장애어린이의 자립능력 키우는 데 역점

권터 씨는 선천적인 장애를 지닌 어린이에게 '재활'이라는 용어를 쓰는 것에 주의할 필요가 있다고 강조했다. 일반적으로 말하는 '재활'

은 치료와 훈련 등을 통해 기능을 이전으로 회복시킨다는 의미를 갖는다. 하지만 아샤우 어린이재활병원에서 생각하는 '재활'의 목적은 장애어린이의 신체적, 심리적 기능을 회복시키고 강화하는 데 있다. 장애어린이가 혼자 살아갈 수 있도록 치료와 교육을 통해 자립 능력을 최대한 키워 내는 것이다. 이러한 의미에서 아샤우 어린이재활병원의 '재활'은 비장애인이 누리는 삶을 기준으로 맞춰가는 '정상화(nomalization)' 개념과는 조금 다르다고 볼 수 있다.

그 지역이 이미 가지고 있는 여러 부문의 다면적인 서비스를 이용하여 장애인이 지역사회의 구성원으로서 함께 살아갈 수 있도록 하는 '지역사회중심재활(community based rehabilitation)'이라고 하는 개념과도 조금 다른 방향일지도 모르겠다. 아샤우 어린이재활병원의 재활은 병원과 학교, 전문가와 당사자 그리고 가족이 함께 최선의 방법을 모색해 간다는 점에서 차별성을 갖는다. 또한 치료와 동시에 배움의 기회를 제공하는 것이 가장 큰 차별성이라고 생각되었다.

'재활'이라는 용어를 장애어린이의 상태에 맞게 신중하고 올바르게 적용하려는 아샤우 어린이재활병원과 친절하게 설명해 준 귄터 씨를 기억하며 병원 문을 나섰다.

홍정표

아샤우 어린이재활병원(Behandlungszentrum Aschau GmbH)
주소 Bernauer Str.18, 83229 Aschau l. Chiemgau
전화 08052171-1200
홈페이지 www.bz-aschau.de
이메일 g.mayer@bz-aschau.de, info@bz-asvhau.de

"유치원 같고
놀이터 같아요."
스위스 취리히 어린이재활병원

"어린이들에겐 병원이 아니라 유치원과 학교 같은 곳이에요."

흰색 복도와 천장에 매달린 어두운 조명 속에서 핏기 없이 생활하고 있을 어린이들을 상상하고 취리히 어린이재활병원(Kinderspital Zürich Universitäts-Kinderklinik)을 찾았는데 결론은 한마디로 '참! 의외'였다. 무엇보다 어린이들의 얼굴에 웃음이 끊이지 않았고 모습도 활기찼다.

병원은 취리히의 번잡한 도심이 아닌 한적한 교외의 자작나무 숲 가운데 위치해 있었다. 병원이라기보다 아기자기한 놀이시설을 갖춘 중세 고성에 와 있는 느낌이 들었다.

병원 현관문을 열고 들어서자 사람보다 덩치가 큰 갈색 곰 한 마리가 인사를 한다. 어린이병원답게 로비에는 인형이, 사무실 유리창에는 만화 주인공을 소재로 한 스테인드글라스와 종이로 만든 꽃이 장식되어 있다. 병실 복도에도 각 벽면마다 서로 다른 색을 칠해서 분위기가

◀ 1874년에 개원한 병원
전경(과거)
출처: 취리히
어린이재활병원 홈페이지
www. kispi.uzh.ch

◀ 스위스 초원에 있는 취리히
어린이재활병원 전경(현재)

◀ 새로 건축할 병원
조감도(미래)
출처: 취리히
어린이재활병원 홈페이지
www. kispi.uzh.ch

한껏 밝아 보인다. 마치 어린이 환자를 치료하는 병원이 아니라 유치원과 같은 느낌이다.

교통사고 어린이 환자 전문 치료

최근 재활의학계에 나타나는 특징 중 하나가 뇌졸중과 비만, 신경정신장애 등 그동안 성인병으로 인식됐던 질병이 어린이에게 빈번히 나타난다는 점이다. 우리를 안내한 병원 원장 겸 취리히대학 재활의학과 교수 크네히트(Prof. Dr. Knecht) 박사는 "스위스에도 어린이 성인병 환자가 늘어나는 추세지만 취리히 어린이재활전문병원은 교통사고로 인한 외과 환자를 전문적으로 치료하는 곳으로 특화됐다."고 소개한다.

세 개의 건물로 이루어진 이 병원은 교통사고 어린이 환자 외에도 최근 유럽에서 장애로 여겨지는 비만 어린이와 소아마비 어린이를 위한 54개 병상을 갖추고 있다. 입원한 어린이 중 33%는 자동차 사고로 인한 신경정신과 치료를 받고 있고, 37%는 엉덩이와 척추 등을 다쳐 정형외과 치료를 받고 있으며, 나머지는 태어날 때부터 뇌성마비와 사고로 뇌가 손상된 어린이들이라고 한다. 취리히 근교 종합병원에서 정형외과 수술을 받고 장기적인 재활치료를 위해 이곳으로 후송된 어린이들이 대부분이다.

크네히트 박사는 "스위스에서는 매년 600명 정도의 어린이가 교통사고로 뇌손상을 당하는데 누구나 이곳에 입원하길 원한다."고 설명한다. 1년에 12~18명의 어린이가 혼수상태로 실려와 입원하지만, 재활치료를 끝내면 모두 걸을 수 있을 정도로 회복되면서 병원 이름이 알려지기 시작했다고 한다. 재활전문의 파트리카 빌(Dr. Patrica Bill) 박사

▲ 어린이 교통사고 환자를 치료하고 있는
   크네히트 박사

▲ 파트리카 빌 박사

는 "사고를 당한 어린이가 재활치료를 통해 혼자 말하고 걷기 위해서는 내 집 같은 편안한 분위기를 만들어야 한다는 것이 우리 병원의 철학"이라고 강조한다. 예쁘게 꾸며진 병실과 복도, 장난감 방처럼 보이는 물리치료실과 작업치료실에서 아이들은 치료를 받는 것이 아니라무슨 놀이를 하고 있는 것 같다.

스위스에서 근육이 굳어진 뇌성마비 어린이들을 보톡스 주사 치료를 통해 성공적으로 치료한 사례가 발표되면서 취리히 의과대학에서 소아과를 마친 학생들이 어린이재활의학을 다시 연구하기 위해 이 병원 전공의 과정에 지원한다고 한다.

전 세계에 4대뿐인 보행치료기

파트리카 박사의 안내로 이 병원이 자랑하는 로코마트(Lokomat)가 있는 치료실을 찾았다. 약 30m²(10평)의 방 안에 몸과 발을 고정시킨 뒤 환자가 기계의 힘에 의해 걸을 수 있도록 고안된 로봇기계가 자리 잡고 있다. 이 기계는 주로 뇌졸중과 척수장애가 있는 어른 및 뇌성마비 어린이의 보행치료를 돕기 위해 사용한다고 한다. 장애 정도와 신체 상태에 따라 차용할 수 있도록 벽면에 전시된 수십 개의 안전띠가 이채로웠다. 파트리카 박사에 따르면 이 병원에 설치된 로코마트는 주로 사고로 걸을 수 없게 된 어린이의 보행을 돕기 위한 것으로 대당 가격이 50만 달러(4억 9500만 원)에 이른다고 한다. 어린이가 직접 운동하는 장면을 보지 못한 점이 아쉬웠다.

로코마트를 담당하고 있는 어린이 물리치료사 파이퍼 코린네 (Feiffer Corinne) 씨는 "신체 상태에 따라 보폭과 걷는 속도, 몸의 지탱 정도를 조절하고 천장에 묶인 고리를 통해 체중을 30~40%로 줄일 수 있기 때문에 척수 부분이 자극되고 결국에는 정상적으로 걸을 수 있는 패턴을 만든다."고 설명한다. 어린이 환자의 걷는 자세와 보폭, 간격 등은 모두 데이터로 저장돼 발전 상태가 매일 체크된다고 한다.

함께 방문한 재활의학과 전문의 송우현 박사는 "국내 대형병원에서도 이 장비를 들여올 계획이 있었지만 가격 자체가 고가일 뿐더러 우리나라 의료수가가 워낙 낮아 구매를 포기했다."고 말한다.

파이퍼 씨에 따르면 로코마트 중 어린이를 위해 특수 설계된 기계는 전 세계에 4대가 있고 4세부터 보행 연습이 가능하다고 한다. 로코마트가 있는 치료실 옆방, 보조기 제작실에는 전문가가 매주 찾아와 보조기가 필요한 어린이들의 신체를 깁스한 뒤 보행에 필요한 장치를 직접 만들고 있었다.

이 병원의 또 다른 특징 중 하나는 아이들이 치료를 받으며 다닐 수 있는 특수 학급이 병원 안에 있다는 것이다. 모두 4개 학급이 운영되며

한 학급당 학생 3명과 교사 2명이 함께 공부한다. 우리가 "수업 장면을 찍어도 되겠느냐?"고 양해를 구하자 "좋다"는 학생과 "싫다"는 학생으로 나뉘었다. 사진 촬영을 허락한 학생들과 사진을 찍으려 하자 거부한 학생이 다가오더니 자신도 함께 찍어달라며 포즈를 취해 교실 안은 한바탕 웃음바다가 됐다.

교실과 놀이터가 병원 안에

병원 바깥쪽 한 벽면에 높이 9m 규모의 암벽타기 시설이 마련돼 있었다. 뇌졸중과 하반신 마비 어린이들을 훈련하기 위한 시설로 지어졌지만, 이제는 어린이들이 가장 좋아하는 놀이공간이 되었다. 비록 타고 올라가지 못한다 할지라도 두 발로 손잡이에 매달리는 것만으로 치료 효과가 있다고 한다. 어른들은 3m만 올라가도 다리가 후들거릴 정도로 무서웠는데 어린이들이 원숭이처럼 쉽게 벽을 오르내리는 모습이 신기했다.

어린이 작업치료실은 진료실이라기보다는 재미있는 놀이터나 장난 감방 같았다. 스프링을 이용해 매트리스를 매단 그네와 여러 기구들은 아이들에게 놀이기구나 장난감처럼 보이지만, 실제로는 균형을 잡고 근력을 키우는 데 도움이 된다고 한다. 놀면서 치료받을 수 있다면 어린이뿐 아니라 어른들에게도 환영받지 않을까? 이 병원에서 시행하는 프로그램 중 매주 목요일 부모와 함께하는 요리 만들기가 단연 인기라고 한다. 어린이들이 부모와 시내버스를 타고 시내 슈퍼마켓에 가서 재료를 직접 고른 뒤 요리를 만드는데, 이러한 공동 작업을 통해 자연스런 작업치료뿐 아니라 의사소통의 방법을 배우게 된다고 한다.

◀ 퇴원을 알리는 종을 칠 수 있도록
천장에 매달아 놓은 줄

병원은 크게 3개 동으로 나눠져 있다. 한 동에는 지적장애를 가진 비교적 큰 아이들이 수용돼 있고, 주로 1인실 병실로 구성된 다른 두 병동에는 12세 이하의 어린이들이 입원해 있다.

병세가 호전된 12세에서 18세까지의 어린이와 청소년 9명은 병원 내 마련된 공동주택(Wohngemeinschaft)에서 생활한다. 나이와 장애 정도에 따라 2~3명이 한방에서 생활하면서 기숙사처럼 거실과 주방, 화장실을 함께 쓰며 생활하고 있었는데 정돈이 잘된 방과 뒤죽박죽인 방이 조화를 이루고 있었다.

공동주택에서 생활하는 아이들은 주로 교통사고로 인한 신체 및 언어 장애를 치료하고 있다고 한다. 아이들은 보통 2~8개월 정도 공동생활을 하면 스스로 살아가는 방법을 배우게 되고 상태도 상당히 호전된다고 한다.

본관 건물 5층에는 연구실과 강당이 있다. 연구실 위 지붕에는 큰 종이 매달려 있고, 연구실에는 천장을 통해 종을 칠 수 있는 밧줄이 내려와 있다. 오랜 병원 생활을 마치고 퇴원하는 아이들이 '이제 꿈에 그리던 집으로 돌아간다'는 소식을 마을 사람들에게 알리기 위해 이곳에 와서 종을 친다고 한다. 종소리가 울려 퍼지면 마을 사람들은 집으로 돌아가는 아이를 축복한다고 한다. 이곳에 입원한 어린이들이 오랜 투병생활을 마치고 줄지어 종을 치고 집으로 돌아가는 행복한 상상을 해본다.

백경학

취리히 어린이재활병원(Kinderspital Zürich Universitäts-Kinderklinik)
주소 Mühlebergstrasse 104 8910 Affoltern am Albis
전화 41-44-762-51-11
홈페이지 www.kispi.uzh.ch
이메일 info@kispi.uzh.ch, bknecht@kispi.unizh.ch

나눔으로 꽃피운
무료 병원
미국 텍사스 스코티시라이트 어린이병원

"나는 왜 치료비를 내지 않은 거죠?"

2002년 텍사스 스코티시라이트 어린이병원(Texas Scottish Rite Hospital for Children)에서 무료로 손가락 수술과 재활치료를 받은 벤 세이터(Ben Sater)가 퇴원을 앞두고 던진 질문이다. 당시 11살 꼬마였던 벤은 자신이 받은 사랑을 다른 어린이들에게 되돌려 주고 싶었다. 그래서 벤은 나이키 골프 회사에서 일하는 아버지에게 제안해 2003년 키즈스윙(KidSwing) 대회를 만들었다. 키즈스윙 대회는 스코티시라이트 어린이병원의 어린이 환자들이 주도하는 자선 골프 대회다.

키즈스윙 대회에 참가하는 7~18세 선수들은 가족과 친구 또는 지역에 있는 회사를 찾아간다. 어린 선수들이 직접 프레젠테이션을 하면서 골프 대회가 어떻게 만들어졌는지, 후원이 왜 필요한지 그리고 모여진 기부금은 어떻게 쓰이는지를 이곳저곳에 알리고 100달러(약 11만 원)씩 내도록 설득한다. 병원은 이들이 대회에 즐겁게 참가할 수 있도

▲ 안정감을 주는 베이지색 건물 외관에는 기부자의 이름을 딴 센터임이 표시되어 있다.
텍사스 스코티시라이트 어린이병원은 정부 지원 없이 기부금을 토대로 환자들에게 치료비를 받지 않는다.

▲ 키즈스윙 골프 대회를 제안한
벤 세이터

▲ 2010년에 기부금이 누적 100만 달러를 돌파했다.

록 뒤에서 돕는 역할만 할 뿐이다. 이렇게 9년간 이어온 키즈스윙 대회는 텍사스주 3개 지역을 돌면서 열리고 있다. 지금까지 500여 명의 어린이들이 참가했고, 120만 달러(약 13억 원) 이상의 기부금이 모였다.

기부금을 토대로 치료비 받지 않아

진료비 청구서가 없는 스코티시라이트 어린이병원은 척수성 소아마비를 가진 어린이들을 위해 지역의 프리메이슨 회원들이 텍사스주 최초의 정형외과 의사 W. B. 카렐(W.B. Carrell)을 초빙해 1921년에 문을 열었다. 1950년대에 백신 개발로 소아마비가 근절된 이후에는 척추측만증, 내반족, 사지결핍증 등과 같은 정형외과적 질환을 치료하고, 1965년에는 읽기장애와 학습장애를 가진 어린이를 위한 치료센터를 설립해 영역을 넓혀 왔다. 2000년대부터는 근골격계 및 신경학적 질환 치료법 연구를 위한 최첨단 연구센터를 운영하면서 미국에서 손꼽히는 소아정형 전문병원으로 발전했다. 1977년 3500만 달러(약 380억 원)의 기부금을 조성해 개축하면서 현재의 모습을 갖추었다. 어린이들에게 위압감을 주지 않기 위해 지하 2층, 지상 4층으로 높지 않게 지었다.

병원 내부로 들어서면 건물 전체에 고소한 팝콘 향이 솔솔 퍼진다. 지하 1층 진료센터 로비에 위치한 팝콘 차에서 풍기는 냄새다. 스코티시라이트 병원의 상징이 된 이 팝콘 맛을 본 어린이들은 이곳을 잊지 못한다고 한다. 로비 천정에는 한 가족이 기부한 커다란 인형 조형물이 설치되어 있다. 1층에서 지하로 내려오는 내내 코와 눈이 즐거워 놀이동산에 놀러 온 듯한 기분이 든다. 병원 곳곳에는 아이들이 좋아할 만한 그림과 작품들이 비치되어 있는데, 이 모두가 기부로 이루어진 것이

◀ 지하 1층에 있는 접수대. 병원을 방문한 어린이들이 가장 먼저 만나게 되는 접수대는 아이들에게 맞춰 높이가 낮고 알록달록한 도형이 새겨져 있다.

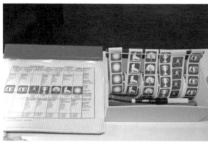 

▲ 어린이 환자를 안내하는 보라색 스티커, 입원 환자들의 학습 지원을 위한 병원학교 교실

◀ 3D 스캔 방식의 CAD/CAM으로 제작한 맞춤형 의족. 보장구 역시 무료로 지원된다.

다. 병원의 작은 요소 하나까지 기부자들의 손길이 닿지 않은 곳이 없었고, 병원 역시 기부자의 뜻을 알리려는 수고를 아끼지 않았다.

병원 곳곳에 어린이 특성 반영한 설계

어린이 환자들은 병원을 찾으면 먼저 접수대에서 보라색 스티커를 받아 스티커에 그려진 그림과 같은 모양의 이정표를 따라 예약 장소로 찾아간다. 그렇게 찾은 곳에는 혈액 검사실, 정형외과 진료실이라는 이름 대신에 하키실(hockey exam), 축구실(soccer exam), 인어실(mermaid room) 등 호기심을 자극하는 이름이 붙은 방이 기다리고 있다.

진료실로 들어가면 의료진의 책상은 찾아볼 수가 없고 바닷속을 표현한 예쁜 커버가 덮인 진료용 침대만 놓여 있다. 의료진은 진료실과 연결되는 공동 사무 공간에서 문을 열고 나타나 아이들을 반긴다. 어린아이들은 의사를 처음 만나면 겁에 질리는 경우가 많기 때문에 설계할 때부터 아이들의 특성을 고려했음을 알 수 있다.

진료 대기실엔 지루함을 없애 주는 그림자 놀이터가 있고, 소독약 냄새 대신 팝콘 향이 가득했다. 빨간색 가운을 입은 직원들이 일하고 있는 병원 곳곳에서 어린이 환자들이 즐겁게 치료받을 수 있도록 배려한 환자 중심의 인테리어와 아이디어를 발견할 수 있었다.

치료 기간 단축시키는 혁신기술 보유

지하에는 널찍한 보조공학실이 있다. 여기서 일하는 직원 36명 중 4명은 장애인이고, 그중 관리자 2명은 스코티시라이트에서 치료를 받은 환자라고 한다. 보장구 또한 무료로 지원하고 있는데 환자 1인당 5000

달러(약 550만 원)에서 4만 달러(약 4400만 원)에 이르는 수준이다. 보조 공학실을 둘러보다 재미있는 캐릭터가 그려진 커다란 기계에 눈길이 멎었다. 1999년 텍사스의 레이싱팀 스피드웨이에서 기부한 최첨단 3D 스캔 방식의 CAD/CAM이다. 이 장비를 들여놓은 뒤 의족, 의수 등 맞춤형 보장구를 제작하는 기간이 6주에서 2주로 단축되었다고 한다.

근골격계 연구를 활발히 진행하는 연구센터로 가보자. 센터 입구에는 상지절단 장애어린이들의 꿈을 지원하는 특수 골프채, 척추측만 환자를 위한 척추교정 스탠드 등이 전시되어 있다. 스코티시라이트 어린이병원은 현재 20개의 특허를 보유하고 있는데 척추측만 환자를 위한 특정 기술의 경우 기존에 5~6개월이나 걸리던 입원 치료 기간을 1주로 단축하는 혁신적인 기술이라고 한다.

3층에는 100개의 병상을 갖춘 입원 병동이 있다. 모든 병실은 1인실로 각 실마다 환자 연령과 상태에 맞춰 사용하는 두 종류의 침상이 비치되어 있고, 보호자를 배려한 침상이 별도로 구비된 병실도 있다. 병동 입구 간호 스테이션 옆에는 치료가 길어지는 어린이 입원 환자를 위한 학교가 자리 잡고 있다. 파견 교사 2명이 진행하는 수업은 정규교육과정으로 인정된다. 치료뿐 아니라 수업 일정 또한 담당 의사, 간호사와 함께 상의하여 계획한다.

치료받은 환자들이 다시 나눔에 동참

텍사스 스코티시라이트 어린이병원에서 치료를 받기 위해서는 텍사스 주에 거주하는 18세 이하의 어린이로 소아 정형외과, 신경학적 장애 등 전문의 추천을 받아야 하고, 치료 후 개선 가능성이 있는 상태여

▲ 입원 중인 어린이의 만들기를 돕고 있는 자원봉사자, 진료 대기실에서 만난 문서 담당 봉사자

야 한다. 무료 병원이라는 특징 때문에 보험이 없는 저소득 가정 어린이가 1순위 이용자가 될 것이라 예상했던 것과는 달리 이 병원이 환자를 받는 가장 중요한 기준은 치료 가능 여부였다. 그래서 경제력 있는 가정의 어린이들은 치료받은 후 기부 의사를 보이는 경우가 많다고 한다.

미국은 한국과는 달리 국민건강보험제도가 없어 대개는 고가의 비용을 지불해야 의료서비스를 이용할 수 있다. 정부의 지원을 전혀 받지 않고 기부와 나눔의 힘으로만 운영되는 텍사스 스코티시라이트 어린이병원은 매우 예외적인 모델이다. 단순히 치료비를 받지 않는 데 그치지 않고 질 높은 의료서비스를 보장한다는 점에서 더욱 그렇다. 경제력 유무를 따지지 않기 때문에 병원을 찾은 어린이와 부모들은 가난 탓에 공짜 치료를 받는다는 부담감을 갖지 않고 충분히 존중받으면서 치료에 전념할 수 있다. 그렇게 치료받은 환자들은 다른 환자들을 위해 또다시 나눔 운영에 동참한다. 선순환 시스템이 구축되는 것이다.

자원봉사자가 200여 개 행사 자발적 개최
스코티시라이트 어린이병원은 골프 대회뿐만 아니라 마라톤 대회,

테니스 대회, 아트쇼, 패션쇼, 전시회, 지역 내 소매상이나 음식점과 함께하는 이벤트 등 매년 200여 개의 크고 작은 행사를 열고 있다. 병원 홍보 책임자인 마이크 베이트먼(Mike G. Bateman) 씨는 "행사는 대개 봉사자들이 자발적으로 개최한다. 많은 사람들이 참여하는 축제의 현장이 곧 기부의 현장이 되고 있다."고 설명했다.

놀라운 것은 등록된 자원봉사자의 수가 무려 3400명에 이른다는 점이다. 이 가운데 가장 규모가 큰 '텍사스 스코티시라이트 자원봉사단'의 회원 수는 800명이다. 14세에서 94세의 봉사자들이 활동하고 있는데 평균 연령은 60세로 퇴직자들이 많다. 회사 동료, 가족 단위 봉사도 일상적이다.

진료비를 받지 않고 100% 비영리로 운영되는 병원의 연간 운영비는 무려 1억 달러(약 1138억 원)에 달한다. 그중 순수 기부금이 2000만 달러(약 220억 원)다. 그 밖에 기금 이자가 2000만 달러이고 기부 받은 토지 사용료 및 연구로 인한 저작권료가 5000만 달러(약 550억 원), 주식 투자로 인한 배당금이 1000만 달러(약 110억 원)다. 정부 지원은 전혀 없다. 의료보험 청구는 적자인 경우에 한해 제한적으로 이루어진다고 한다.

90년 이상 기부와 나눔으로만 운영

스코티시라이트 어린이병원은 이처럼 기부자가 만들고 운영하는 병원이다. 전체 기부의 70%는 개인 기부자에 의해 이루어진다. 나머지는 기업이 15%, 기부단체가 15%를 차지한다. 국가에서는 현금, 축의금, 유서, 신탁 등 다양한 방식의 기부에 25~30%의 세금 공제 혜택을

▲ 사지결핍증을 가진 라이앤 카 양은 텍사스 스코티시라이트 어린이병원에서 재활치료를 하면서 마라톤 대회에 참가하였다.

▲ 크리스마스트리 꾸미기에 참가한 51개 자원봉사팀, 감사패를 받고 기념 촬영 중인 자원봉사팀

준다. 병원도 각별한 노력을 하고 있다. 기부자가 1000만 달러를 기부하겠다는 유서를 신탁하면 병원에서는 상속세의 일부를 미리 연금 형태로 돌려주고 있다. 고액 기부자를 위한 공동체를 만들고 재정 상담, 법률 상담, 스케줄 관리까지 도맡아 준다.

기부 개발팀장인 캐럴라인 로(Caroline Law) 씨는 병원과 기부자 사이의 신뢰와 공감대 형성을 강조했다. "우리 병원은 기부자와 '친구'가 되려고 노력합니다. 첫 기부자에게는 사흘 이내에 감사 카드를 보내고 있어요. 차를 마시거나 식사를 하면서 자연스럽게 병원을 알리고 소통을 하며 신뢰를 쌓습니다. 만남이 어려운 기부자와는 두 달에 한 번씩 반드시 통화를 하거나 지역 기부자 모임을 열어 병원 운영에 동참하고 있다는 생각을 심어 줍니다."

90년 이상 역사를 이어온 스코티시라이트 어린이병원은 설립 후 지금까지 줄곧 기부와 나눔으로만 운영되고 있다. 빈부를 떠나 장애어린이들이 제때 꼭 필요한 치료를 받을 수 있는 기회를 마련하고자 했던 이들의 사랑이 이 같은 기적을 이어 오고 있다.

김수민

텍사스 스코티시라이트 어린이병원(Texas Scottish Rite Hospital for Children)

주소 2222 Welborn Street, Dallas, Texas, 75219

전화 214-559-5000

홈페이지 www.tsrhc.org

이메일 tsrhdv@tsrh.org

교통사고 환자가
관광객처럼 입원하는 병원
오스트리아 바이서호프 교통사고 전문병원

국내 병원에 입원해 본 경험이 있는 사람이라면 '환자에게 정서적 안정이 필수적이다'라는 말이 너무 비현실적이란 것을 절감한다. 문병 온 친지들을 맞을 수 있는 공간은 고사하고, 환자 수의 두 배가 넘는 다른 보호자 및 간병인과 24시간 함께 생활해야 하는 병실에서 '환자의 정서적 안정'을 기대하는 것은 애당초 무리다.

하지만 입원조차 못해 몇 달씩 기다리는 환자들에게 공간이 부족하다고 말하는 것은 역시 배부른 소리로 들릴 수 있다. 입원조차 선택받은 것으로 비춰질 수 있기 때문이다.

한국이 교역액 세계 9위의 경제대국에 올라섰지만 의료서비스 분야만큼은 선진국 수준에 아직 미치지 못하고 있다. 우리와 경제규모가 비슷한 국가들과 의료 현실을 비교해 보면 격차가 두드러진다. 서구 선진국 병원을 볼 때 더더욱 그렇다. 이곳은 말 그대로 별천지다.

오스트리아는 두 번에 걸친 세계대전 패배 결과 영세중립국을 선

▲ 바이서호프 교통사고 전문병원

택했고 이 과정에서 과거를 반성하면서 장애인, 노인, 어린이 등 사회
적 약자에 대한 철저한 사회복지정책을 시행하고 있다. 2017년 기준, 1
인당 국내총생산(GDP) 4만 3786달러(약 4998만 원)로 세계 16위를 차
지하고 있는 오스트리아는 독일, 스웨덴, 노르웨이 등과 함께 세계에서
가장 사회보장제도가 발달한 국가로 꼽힌다.

숲속에서 환자가 안정을 찾는 교통사고 전문병원

오스트리아의 수도 빈(Wien) 외곽에 있는 바이서호프 교통사고 전
문병원(크로스터 노이부르크 재활병원)은 서구 선진국 병원 중 이상적인
요소를 갖춘 병원으로 여겨진다.

빈을 가르는 도나우(Donau)강을 따라 40분 정도 북쪽으로 거슬러

올라가자, 크로스터호프(Klosterhof)라는 노란색의 거대한 돔을 가진 웅장한 중세 수도원이 나타났다. 수도원 옆에는 흰색과 노란색으로 채색된 건물이 절도 있게 늘어서 있다. 수도원은 최근 지어진 것으로 보이는 인근 건물들과 수백 년의 시간을 뛰어넘어 아름다운 조화를 이루고 있다.

수도원을 지나 병원까지 이어진 길은 빽빽이 하늘을 가린 전나무 숲으로 인해 마치 심심산골에 들어온 것 같다. 도시 외곽에 이런 울창한 숲이 있어 부럽다는 생각을 하기가 무섭게, 거대한 초원이 펼쳐졌다. 그 가운데 중세의 성처럼 바이서호프 교통사고 전문병원이 우뚝 솟아 있다.

병원장 메르크 라이문트(Dr. Merk Raimund) 박사가 우리 일행을 맞았다. 그가 내민 명함에는 비뇨기과 전문의라고 씌어 있었다. 비뇨기과 전문의가 오스트리아를 대표하는 재활병원의 책임자가 될 수 있다니 놀랍다.

우리의 경우 재활병원 의료진은 당연히 재활의학을 전공한 전문의일 텐데, 유럽에서는 소아과나 내과, 외과 등의 분야를 전공한 전문의가 다시 재활의학을 공부해야 재활병원에서 근무할 수 있다고 한다. 이런 의료시스템으로 인해 장애를 지닌 재활환자들은 훨씬 더 전문적인 치료를 받을 수 있을 것 같다는 생각이 든다.

▲ 메르크 병원장

메르크 병원장은 "교통사고로 팔, 다리 같은 신체외부 기관뿐 아니라 간, 콩팥, 방광, 전립선 등 내부 기관이 손상된 경우가 대부분"이라며 "그렇기 때문에 비뇨기과 같이 다른 분야를 전공한 재활의학과 전문의가 필요하다."고 강조한다.

1986년 오스트리아 보험회사에 의해 설립된 병원은 여의도 면적의 절반인 132만 m²(약 40만 평)의 초원 위에 'ㅁ'자 형태로 치료동과 입원동, 의료진 숙소, 문화시설 등 총 6개 건물이 연이어 붙어 있다.

병원에서는 재활의학과, 신경과, 정형외과, 비뇨기과가 상설 진료과로 개설돼 있고 내과, 산부인과, 피부과, 안과, 이비인후과 진료는 일주일에 한 번 외래 의사에 의해 이루어진다고 한다.

보유 병상은 200개이며 의사 14명, 간호사 80명, 물리치료사 26명, 작업치료사 13명, 언어치료사 2명, 음악치료사 2명, 환자상담사 4명 등 모두 309명의 의료진이 일하고 있다.

환자가 필요한 모든 것을 지원하는 사회복지제도

병원을 찾는 사람 중 절반 이상은 교통사고로 허리를 다친 척수 환자라고 한다. 그 외에는 뇌질환과 사지절단 환자, 질병으로 뼈와 근육 기능이 저하돼 재활치료가 필요한 사람들이다. 대부분 오스트리아 환자들이지만 최근에는 인근 헝가리나 이탈리아에서도 온다고 한다.

외국 환자의 경우 입원비와 진료비로 하루 360유로(57만 6000원), 한 달에 1만 유로(1600만 원)가 든다고 한다. 하지만 오스트리아 국민들은 국가와 보험회사에서 장애 정도에 따라 병원비는 물론, 치료와 일상생활에 필요한 안경, 특수 옷과 신발, 각종 보장구 등의 모든 비용을 부담하고 있다.

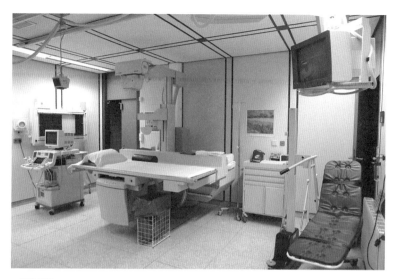

▲ 병원 내부

◀ 병원 내부

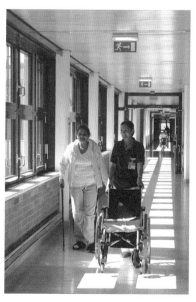

4개 층으로 이루어진 병동에는 한 층당 50명의 환자가 입원해 있다. 병동의 특징은 모든 건물이 자연 채광과 환자의 동선을 고려해 설계됐다는 점이다. 병실은 물론 지하 1, 2층의 작업실과 통로까지 자연 채광이 들도록 배려한 것이 이채롭다.

'전등 몇 개를 달면 될 텐데 왜 이 고생을 했을까'라는 생각이 들었는데도, 복도 위에 있는 아름다운 천창을 보면서 자연의 빛이 주는 의미를 실감하게 됐다. 환자에게 주는 안정감과 에너지 절약이라는 측면에서도 모범적인 사례가 아닐 수 없다. 메르크 병원장은 "경사면을 이용해 세워진 병원 건물은 1층과 2층, 지하 1층 어디서나 환자가 인근 지면과 연결된 램프를 이용해 병동 주위의 정원으로 쉽게 나갈 수 있도록 설계된 것이 특징"이라고 강조한다. 인간과 자연이 조화를 이루면 병동도 아름다울 수 있다.

2인 병실을 방문했다. 20대 초반으로 보이는 청년이 휠체어에 앉은 채 열심히 핸드폰 버튼을 누르고 있다. 질문을 해도 괜찮겠느냐고 묻자 그는 웃는 얼굴로 "Warum nicht?(왜 안 되겠느냐)"라고 흔쾌히 대답한다. 21살 쿠어트(Kurt), 동안(童顏)의 청년이다. 그는 2006년 10월에 오토바이를 타고 가다 자동차와 접촉 사고로 척추를 다쳤다고 한다. 전신 마비가 됐지만 병원에서 6개월 동안 재활치료를 받은 끝에 상체를 사용할 정도로 호전됐다고 한다. 그는 "앞으로 5개월 더 치료를 받고 퇴원할 때쯤이면 훨씬 좋아질 것"이라고 웃는다. 대답을 듣는 우리는 숙연한데 불의의 사고를 당한 그는 밝고 당당하다.

쿠어트의 병실 동료는 60대 후반의 노인이었다. 날씨가 화창하기 때문인지 침대를 아예 테라스로 끌고 나가 열심히 해바라기를 하고 있었다. 환자가 침대를 끌고 다니며 햇빛을 즐길 수 있다니 얼마나 행복한 일인가?

퇴원 후에도 책임지고 치료하는 맞춤형 의료제도

병원을 찾는 외래 환자는 하루 2~3명으로 주로 척추를 다친 사람들이다. 오스트리아에는 각 지역마다 재활병원이 있기 때문에 교통사고를 당한 지역에서 입원 치료를 하며 이 병원을 찾는 외래환자들은 퇴원후 재교육을 위해 찾아오는 사람들이라고 한다.

통상적으로 오스트리아 병원에서는 환자가 3~4주 입원을 할 수 있지만, 의료진이 재활효과가 있다고 판단할 경우 환자들은 1년 넘게 치료를 받을 수 있다고 한다. 환자가 필요한 만큼 입원할 수 있고 경비를 정부에서 전적으로 부담한다는 것은 환자에게 구원이 아닐 수 없다.

병동은 벽면과 천장이 모두 나무와 벽돌로 되어 있어 편안하게 느껴졌다. 병동마다 중앙에는 간호사실과 환자들이 이용할 수 있는 대형거실이 있고, 간호사들은 병실에 연결된 모니터를 통해 환자를 관찰하다가 도움이 필요하면 달려간다.

병실과 화장실이 우리나라의 병원에 비해 넓은 것이 인상적이다. 2인 병실은 66m²(20평), 화장실도 우리의 VIP병실 규모인 33m²(10평)는 족히 넘을 듯했다. 처음에는 '이 넓은 화장실 대신 병실을 하나 더 만들지'라는 생각이 들었지만, 유럽 병원을 다니면서 '병실 하나가 중요한 것이 아니라 환자 한 사람이라도 그에게 맞는 의료서비스와 환경을 어떻게 제공하는가'가 중요하다는 확신을 갖게 됐다. 환자가 치료비를 걱정하지 않아도 되는 오스트리아에서는 모든 환자가 VIP인 셈이다.

▲ 병실의 모습

◀ 월요일부터 토요일까지 치료 시간과
치료 종류를 기록한 일정표. 학교
수업시간표처럼 빽빽이 기록돼 있다.

병원을 운영하고 있는 곳은 100년의 역사를 가진 아우바(AUVA)라는 보험회사다. 오스트리아에서는 정부나 민간 기관이 아닌 비영리 성격의 보험회사가 병원을 운영하는 경우가 많다고 한다. 보통 보험회사 하면 영리법인인데 비영리적 성격이 강하다니 이해가 잘 되지 않았다.

유럽에서는 민간 보험회사가 국가와 사회보험과 함께 공적인 사회보장의 한 부분을 담당하면서 하나의 수레바퀴처럼 국민의 삶을 지탱하고 있다고 한다. 독일과 스웨덴 등 서구 선진국에서는 개인 소득자의 급여 중에 소득세 비율이 남편은 40%에 달하고, 맞벌이를 할 경우 아내는 급여의 55%까지 소득세로 낸다고 한다. 개인이 내는 세금은 주로 의료와 교육, 연금 분야에 집중돼 사회보장정책의 근간이 되고 있다. 국가에서 의료비를 지급하는 보험회사, 특히 사고를 전담하는 보험회사의 경우 국가 의료 정책을 실현하는 곳으로 공적인 요소가 강하다.

회사 재정에 문제가 없는지 물었다. 메르크 병원장은 "책정된 보험료로 충당하고 있다. 병원에서는 환자 치료만 잘하면 되지, 왜 우리가 병원 재정을 걱정해야 하느냐?"고 되묻는다. 병원은 환자를 치료하는 곳이지만 우리나라 병원의 경우에는 늘 재정을 걱정하다보니 유럽의 병원이나 장애인시설을 방문할 때마다 '이 좋은 시설이 어떻게 세워지고 운영될 수 있을까?'라는 생각에 혼란스러웠다. 이때마다 유럽의 병원 및 시설 관계자에게 "보험료는 어떻게 책정되느냐? 보험료만으로 적자가 발생되지 않느냐?"라는 질문을 했지만, 한결같이 "왜 민간 재단에서 이런 대규모 자본이 들어가는 병원을 지어서 운영하려고 하느냐? 시민 건강을 위한 공적인 일인데 왜 정부나 지자체가 나서지 않는가?"라는 답변이 돌아왔다.

이런 말을 하도 많이 듣다 보니 아예 한국의 의료 현실을 설명할 자신도, 이해시킬 자신도 없었다. 그래서 생각해 낸 대답이 이것이었다.

"한국에 단 하나뿐인 아름다운 병원을 잘 지어서 운영하기 위함이다."

환자 스스로가 살아가는 방법 터득

바이서호프 교통사고 전문병원이 가진 또 다른 특징은 직업재활치료가 거의 완벽하게 이루어진다는 것이다.

치료실과 작업장이 있는 지하 1층을 찾았다. 입구부터 나무와 판석, 벽돌 등 서로 다른 소재를 이용해 바닥을 깔았다. 환자의 감각을 일깨우면서 걷는 자세를 교정하기 위한 것이라고 설명한다.

작업치료실에는 교통사고 및 근육무력증 환자가 본인의 신체에 맞는 도구를 만드는 공간이 마련돼 있다. 어깨와 팔을 쓸 수 없다는 한 남자 환자가 과일이나 빵을 자를 때 쓰기 위해 손잡이가 부착된 칼을 자신의 손에 맞게 교정하고 있었다. 신체 모양과 근력 정도에 맞게 제작된 도구는 앞으로 이들이 살아가는 데 손과 발의 역할을 하게 될 것이라고 한다.

우리 같으면 보호자가 옆에서 환자에게 음식을 먹여 주고 모든 것을 해줄 텐데, 이곳에서는 스스로 살아가는 방법을 병원에서 터득한다. 치료실 맞은편에는 각종 목재, 스테인드글라스, 철재를 이용해 작업할 수 있는 여러 종류의 작업장이 마련돼 있다. 한 남자가 시뻘겋게 달궈진 쇠를 모루 위에 올려놓고 열심히 두드리고 있었는데, 자세히 보니 그의 왼쪽 다리가 의족이었다. 레오 하예크(Leo Hayek) 씨는 30년 전에

◀ 병원 내 작업장에서 한
환자가 유리공예작업을
하고 있다.

◀ 어깨에 장애가 온 환자가
식빵 자르는 칼을 팔에
고정하고 있다.

▶ 새 의족을 맞춘 후 적응훈련을 하는
레오 씨. 30년 전 오토바이를 타다
왼쪽 무릎 아래를 잃었다 .

오토바이를 타고 가다 자동차와 부딪히는 사고로 왼쪽 무릎 아래를 잃었다고 한다. '진짜 대장장이인가'라는 의문이 들 정도로 능숙한 솜씨를 가진 그는 중학교 독일어 교사라고 했다. 이 병원에서 새 의족을 맞춘 후 몸에 맞는지 체험하러 왔다고 한다. 매년 의족을 새로 교환하는데 이곳에 머무르면서 새 의족을 맞춰 보고 있으며, 앞으로 일주일 정도 의족을 몸에 맞추는 적응훈련을 할 예정이라고 한다. 절단 환자에게 있어 의수족은 생활에 필요한 도구가 아니라 신체의 일부분이다. 레오 씨는 새로 구성된 몸의 일부를 적응시키기 위해 원하는 시간에 병원에서 재활훈련을 하고 있다는 것이다.

유럽의 병원들이 그렇듯 이 병원의 수영장도 아름답게 지어져 있다. 수 치료를 겸하는, 높낮이를 조절할 수 있는 작은 풀장의 수온은 항상 29~31도를 유지한다. 몸을 잘 움직일 수 없는 환자들이 수 치료를 받는 큰 풀에서는 치료사가 요구하는 동작을 7~8명의 환자들이 따라 하고 있었다.

웃으며 치료받을 수 있는 의료 환경

환자들에게서 찡그린 얼굴을 찾아보기 힘들다. 모두 웃고 있다. 참 재미있다는 표정이다. 우리나라의 병원에서는 환자 대부분이 힘들고 어두워 보이는데, 이곳에서는 다들 치료가 아니라 재미있는 게임을 하듯 즐거워 보였다.

수영장 정면에는 여성의 누드화가 그려져 있다. 물리치료사인 한스(Hans) 씨에게 이곳에 이런 그림을 그린 특별한 이유가 있냐고 물으니 그는 "이 그림은 유명한 예술가의 벽화다. 여성의 아름다운 몸은 모두

▲ 벽화가 그려진 수영장

를 즐겁게 하는 것이 아닌가?"라고 되물었다. 신체와 성에 대해 솔직한
것이 이들의 삶이 아닌가.

　체육관에서는 젊은 남녀 8명이 두 개의 코트에서 열심히 배드민턴
을 치고 있었다. 아마 직원과 환자인 듯 했다. 자연스럽게 햇빛이 들어
오도록 설계된 천장과 옆면을 통해 5월의 밝은 태양이 빛나고 있었다.
최근 오스트리아 휠체어 테니스 선수가 세계테니스대회에서 우승을
차지하면서 장애인들 사이에도 휠체어 테니스에 대한 관심이 부쩍 높
아졌다고 한다. 이 때문에 입원 환자들 사이에도 휠체어 테니스 붐이
일고 있다고 했다. 병원에서는 이들을 위해 의족 제작과 연구뿐 아니라
스포츠를 위한 휠체어 연구도 병행하고 있다고 메르크 병원장이 설명
했다.

　좋은 병원시설과 재활을 위해 최선의 치료를 받을 수 있다는 것 자

체만으로 오스트리아는 '복지 천국'이다. 10년이 지나면 우리도 이런 시설과 의료서비스를 받을 수 있는 날이 올 수 있을까 하는 생각을 하면서 바이서호프 교통사고 전문병원을 나섰다.

백경학

바이서호프 교통사고 전문병원(AUVA-Rehabilitations-zentrum Weißer Hof)
주소 Holzgasse 350 3400 Klosterneuburg
전화 43-593-93-51000
홈페이지 www.auva.at/rzweisserhof
이메일 karl.schrei@auva.at

장애인이 행복하면 모두가 행복한 사회

푸르메재단은 장애인이 건강하고 행복한 세상을 만들겠다는 꿈을 위해 '장애인이 행복하면 모두가 행복한 세상'을 모토로 2005년 3월, 종로의 한 지하 사무실에서 책상 2개로 시작했다. '이가 아파 음식물을 제대로 섭취할 수 없다'는 장애인들의 치아 건강을 위해 2007년 7월, 국내 민간 최초의 장애인 전용 '푸르메나눔치과'를 개원해 지난 10년간 총 6,000여 명(3만 2,000여 건 진료)의 환자를 진료했다.

2011년 7월에는 종합 복지서비스를 제공하는 과천시장애인복지관이 개관했으며, 3,000여 명의 시민이 80억 원의 기금을 모아 종로구 신교동에 건립한 '세종마을 푸르메센터'가 2012년 7월에 문을 열었다. 이곳에는 장애어린이들에게 맞춤형 재활치료를 제공하는 푸르메재활의원과 장애인 전용 푸르메치과의원으로 구성된 푸르메재활센터, 지역사회의 중심 종로장애인복지관, 서울형 발달장애어린이 · 청소년 정신보건기관 종로아이존, 장애청년들의 일터 행복한베이커리&카페가 자리하고 있다.

▲ 푸르메재단 발기인대회(좌, 2004. 8. 17)와 푸르메재단 설립 초기 모습(우)

이렇듯 한 명, 한 명의 마음과 나눔이 모여 성장한 푸르메재단은 2017년 8월 현재, 재단 및 9개 산하기관에서 장애인의 재활과 자립을 돕기 위해 다양한 사업들을 펼치며 장애인들에게 새로운 미래와 희망을 선물하고 있다.

특히 2009년 4월 푸르메재활병원 건립선포식을 개최한 지 6년여 만인 2015년 12월. 1만여 명의 시민과 500여 개 기업 및 단체의 후원, 정부와 지자체의 지원 등 수많은 사람들의 따뜻한 손길과 나눔이 더해진 440억 원이 모아져, 마포구 상암동에 국내 최초의 통합형 '푸르메재단 넥슨어린이재활병원'이 건립되었다. 2016년 4월, 병원이 개원한 이래 연말까지 2만 8,000명이 넘는 어린이들이 치료를 받았다.

푸르메재단은 장애인을 치료하고 지원하기 위해 여러 기업들과 다양한 협력을 맺어 배분(의료·재활, 사회적응·자립, 교육·문화·여가 등) 사업을 활발히 펼치고 있다. 또한 의료, 자립, 사회통합, 출판과 같은 각종 사업을 펼치고 있다.

의료 분야에서는 푸르메재단 넥슨어린이재활병원(재활의학과·정신건강의학과·소아청소년과·치과 외래진료, 입원병동 및 낮병동 운영), 푸르메재활센터(푸르메재활의원·푸르메치과의원 외래진료, 낮병동 운영), 종로아이존

▲ 마포구 상암동 푸르메재단 넥슨어린이재활병원 전경

▲ 푸르메재단 넥슨어린이재활병원의 재활치료센터와 치과 진료실 모습

(서울형 발달장애어린이·청소년 정신보건기관) 등에서 장애인에게 꼭 필요한 의료서비스와 정신보건서비스를 제공하고 있다.

　자립 분야에서는 과천시장애인복지관, 종로장애인복지관, 마포푸르메직업재활센터(중증장애인 보호·고용 직업재활시설), 행복한베이커리&카페(6개 지점, 장애청년 12명 바리스타 고용)에서 각각 장애인과 장애청년들이 지역사회 안에서 우뚝 설 수 있도록 힘을 보태고 있다.

◀ 장애청년들의 일터,
행복한베이커리&카페

　사회통합 분야에서는 마포푸르메스포츠센터(통합체육센터)와 마포
푸르메어린이도서관(통합도서관)을 운영함으로써, 장애인과 지역주민
이 소통하며 공존할 수 있는 문화를 만들어 가고 있다.

　장애로 차별받지 않는 사회를 조성하기 위해 푸르메재단은 지난
2010년부터 협력 출판사와 함께 장애인식개선, 사회통합 등을 주제로
하는 따뜻한 책들을 펴내고 있다.

　푸르메재단은 장애인과 비장애인 모두 행복해지는 세상이 실현될
수 있도록 우리 사회에 희망의 홀씨를 지속적으로 퍼트리고 있다.

푸르메재단
the Purme Foundation

기부
문의

전화 02-6395-7004, 7008
홈페이지 www.purme.org　이메일 hope@purme.org